Mujer, conoce tu valor y vive con propósito

Mujer, conoce tu valor y vive con propósito

UNA GUÍA PARA SANAR LA AUTOESTIMA

DRA. LIS MILLAND

CASA
CREACIÓN

Para vivir la Palabra

Para vivir la Palabra

MANTÉNGANSE ALERTA;
PERMANEZCAN FIRMES EN LA FE;
SEAN VALIENTES Y FUERTES.
—1 CORINTIOS 16:13 (NVI)

 Mujer, conoce tu valor y vive con propósito por Lis Milland
Publicado por Casa Creación
Miami, Florida
www.casacreacion.com
©2020 Derechos reservados

ISBN: 978-1-62999-790-2
E-book ISBN: 978-1-62999-791-9

Desarrollo editorial: *Grupo Nivel Uno, Inc.*
Adaptación de diseño interior y portada: *Grupo Nivel Uno, Inc.*

© 2023 Lis Milland

Nota de la editorial: Aunque el autor hizo todo lo posible por proveer teléfonos y páginas
de internet correctos al momento de la publicación de este libro, ni la editorial ni el autor
se responsabilizan por errores o cambios que puedan surgir luego de haberse publicado.

Impreso en Colombia

24 25 26 27 LBS 9 8 7 6 5 4

DEDICATORIA

*D*edico este libro a esas mujeres a quienes las circunstancias de la vida las han infectado con el virus de una falsa identidad. Este libro es una vacuna para esta pandemia que ha enfermado y herido el alma de tantas mujeres.

A esas mujeres que se han desviado del rumbo de su mucha valía y del gran propósito que cargan de parte de Dios. No importa quién eres, ni qué posición ocupes, tu verdadera identidad ha podido ser distorsionada. Mi esperanza es que, a través de estas páginas, esta sea renovada.

Es mi más profundo anhelo que se abra una puerta de revelación inmensa sobre tu incalculable valor y que, de acuerdo a ese valor, se fundamenten las decisiones que tomes en tu vida. Espero que las verdades de este libro te griten muy fuerte, opacando y silenciando las mentiras que has escuchado acerca de ti misma, tanto de las voces externas como de las internas. Ha llegado la hora de que comprendas el potencial extraordinario que posees.

Las mujeres, a través del tiempo, hemos sido fuertes y valientes. Ante los retos que estamos viviendo en el planeta Tierra en este momento histórico, hemos asumido roles protagónicos en su superación, desde distintos escenarios. He ahí la importancia de seguir creyendo en nosotras mismas. No es solo para nuestro beneficio, sino también para bendecir a toda la humanidad. Mi deseo es que *Mujer, conoce tu valor y vive con propósito* despierte la conciencia de que las mujeres somos un poderoso regalo que Dios le ha dado al mundo.

Dedico también este escrito a la memoria de mis padres. Ellos me modelaron un tipo de amor extraordinario: el amor por los libros y a la delicia de su lectura constante. Ambos reconocieron el gran valor que tienen las mujeres, porque fueron fieles imitadores de Jesús en todo.

Ellos hicieron la mejor inversión que unos padres pueden hacer en sus hijos, la que no se mide en términos materiales. Más bien, fue una inversión espiritual y se manifestó a través del ejemplo. Esa inversión que trasciende como legado cuando físicamente no están presentes. Aquí está parte del resultado de lo que sembraron y que es para mí un aplauso que llega hasta el cielo: ¡un libro que dignifica a la mujer!

Agradecimientos

Los agradecimientos en un libro son una maravillosa forma de mencionar los nombres de las personas que un autor estima con todo el corazón y que son colaboradores en hacer realidad el sueño de un libro. La gratitud es una fuente de luz y amor extraordinaria.

Agradezco a mi gran Dios que cada vez me sorprende más con su poder manifestado a través de la inspiración de las palabras y la autoridad que éstas cargan cuando son leídas y llegan directo al alma. ¡Eso solo lo haces tú, Señor!

Doy gracias infinitas a mi esposo, Luis Armando, y a mi hijo, Adrián Emmanuel. La mejor parte de cada día, incluyendo cuando estaba escribiendo este libro, es llegar a casa y pasar tiempo con ustedes. Cada minuto es un tesoro invaluable. Ustedes son un refugio, un oasis y los grandes amores de mi vida. ¡Son una gran demostración de la fidelidad de Dios!

A mi hermana Dalia, quien hizo el prefacio. Has escrito en todos mis libros y siempre es una bendición, porque me conectas con algún episodio de nuestra historia como familia. Me recuerdas consistentemente algo muy importante: somos privilegiados, porque nuestras raíces son el amor; y ese amor, lo cubre todo.

Agradezco a mi sobrina, Lcda. Yanira Milland, por ser lectora del manuscrito. Estamos muy orgullosos de tu cerebro privilegiado y admirable.

A mi editora, Lydia Morales: nuestra conexión de tantos años ha dado frutos extraordinarios. Tu conocimiento y recomendaciones, acompañados de tu gran sensibilidad, son una gran bendición. Gracias por ser una aliada en esta maravillosa misión de transformar vidas. A mis pacientes y amigas que han contribuido con sus historias de vida. Estoy enormemente agradecida por ustedes haber expuesto sus dolores emocionales, pero también sus triunfos. Son un motor de esperanza. Miles de mujeres al conocer lo que ustedes pasaron podrán decir: «Yo también estoy pasando por eso, pero si ellas vencieron, ¡yo también puedo vencer!». ¡Gracias por ser una inspiración!

Deseo expresar un amplio agradecimiento a mi editorial Casa Creación, que ha creído, una y otra vez, en lo que el Señor me ha dado. Contar con ustedes es una bendición indescriptible. Gracias, porque en esta ocasión le diremos a las mujeres del mundo entero lo mucho que valen y lo importante que son para Dios.

CONTENIDO

Prólogo por Lee Grady 11

Prefacio por Dalia Rubí Milland 17

Capítulo 1 ¡Valórate!: Un fundamento para
ser feliz 23

Capítulo 2 ¡Descubre!: ¿Cuáles son las raíces? 43

Capítulo 3 ¡Créelo!: Eres hermosa 69

Capítulo 4 ¡Relájate!: No eres perfecta y nunca
lo serás 85

Capítulo 5 ¡Acéptate!: Lo que sientes por dentro,
se refleja por fuera 109

Capítulo 6 ¡Libérate!: Rompe las cadenas de la
dependencia emocional 129

Capítulo 7 ¡Deléitate!: Ámate y ama a otros
saludablemente 149

Acerca de la autora 171

PRÓLOGO

Crecí en la región sur de los EE. UU. donde el fútbol americano es casi una religión. Todos los chicos que conocía querían convertirse en el más destacado mariscal de campo. Cuando mis familiares se reunían para cenar, la conversación giraba en torno a los equipos que creían iban a ganar ese año.

Sin embargo, yo quería escurrirme por debajo de la mesa en esos momentos. No era un jugador de fútbol, ni tenía la posibilidad de convertirme en uno. No tenía los bíceps lo suficientemente desarrollados como para hacer pases de 50 yardas, ni tenía el cuerpo para derribar a un chico de 200 libras. Me sentía totalmente como un debilucho. Supuse que, cuando Dios repartió los talentos físicos, yo estaba al final de la fila.

Afortunadamente, mi falta de destrezas atléticas no me paralizó en lo absoluto. Tenía otras habilidades, como escribir. No obstante, una nube de inferioridad me perseguía a todas partes. No importaba cuán exitoso era en otras áreas, me calificaba como un fracasado, porque no me destacaba como atleta.

Fue solo a través del poder del Espíritu Santo que eventualmente superé el dolor y la sensación de descalificación.

Casi a diario conozco personas que son esclavos de la inferioridad. Algunos se sienten retados intelectualmente, otros luchan con discapacidad física y a otros les aterra hablar en público, ya sea por su apariencia o su físico. Otros fueron atemorizados o abusados, y las palabras crueles que escucharon en los parques de juegos o en el hogar quedaron marcadas en sus mentes como con un fierro. A menudo, conozco hombres que luchan con la inseguridad, inferioridad y autoimagen distorsionada. También he conocido a muchas mujeres que luchan seriamente en esas áreas. Dondequiera que voy conozco cientos y cientos de mujeres que se sienten paralizadas emocionalmente. Algunas han sufrido en matrimonios abusivos. Algunas han enfrentado abuso sexual o acoso. Otras han sido etiquetadas como «gorda», «estúpida», «inútil» o «bruta» por familiares, maestros o esposos.

¿Y qué de ti? ¿Te cuesta describir tus cualidades? ¿Estás siendo acosada por insultos declarados sobre ti por tus padres, hermanos, maestros o compañeros de escuela? Las palabras son como cuchillos, pueden dejar cicatrices permanentes. Mi experiencia me ha enseñado que millones de mujeres sufren debido a estas heridas.

Por eso es que estoy tan agradecido con la Dra. Lis Milland. Por años ha estado ofreciendo la sanidad de Cristo a través de consejería, conferencias y ministración personal. Le agradezco que sus enseñanzas ahora están disponibles de forma escrita para una audiencia más amplia. He disfrutado sus eventos para mujeres en Puerto Rico y he visto a muchas mujeres ser liberadas a través de su testimonio, así como a través de su predicación.

Si la inferioridad, el temor, la depresión o la inseguridad hacen difícil que mantengas una relación con Dios y con otros, considera dar este viaje hacia la sanidad:

1. **Permite que Dios transforme tu autoimagen.** La Biblia está llena de historias de personas inseguras que terminaron haciendo cosas heroicas. A Dios le encanta usar gente «débil» para «avergonzar a los poderosos» (1 Corintios 1:27). Sara era estéril, y aun así Dios la llamó a ser madre de naciones. Moisés era tartamudo, y aun así lo llamó a confrontar al faraón. David era una vergüenza para su padre antes de convertirse en rey. Si te sientes inferior, ¡estás en buena compañía!

2. **Entierra las mentiras que te has creído.** Las falsas creencias no colapsarán sin pelear. Tienes que identificar las mentiras que te has creído sobre ti misma y renunciar a ellas. Esto no es algo que puedas hacer a solas, tienes que estar dispuesta a hablar de tu inferioridad con un consejero, pastor o amigo de confianza. Leer este libro te ayudará a exponer esas mentiras.

Cuando estaba en mis veinte, le pedí a dos amigos que oraran por mí porque me sentía tan inferior. Esta inseguridad bien profunda me hizo una persona tímida y temerosa, pero quería tener confianza en mí mismo para poder crecer espiritualmente y descubrir mi llamado. Ese círculo de oración me colocó en el camino al ministerio a tiempo completo que me ha llevado a 36 naciones. Me hubiera quedado en mi prisión de inseguridad si esos hombres no hubiesen orado por mí.

3. **Confiesa tu nueva identidad.** Gedeón se sintió debilucho cuando el ángel del Señor vino a donde él y le anunció: —¡El Señor está contigo, guerrero valiente! (Jueces 6:12). Gedeón miraba alrededor, asombrado: *¿A quién le habla este?* ¡No creía que él fuera un guerrero, y mucho menos valiente! Pero vemos que Dios redefinió la identidad de Gedeón y eventualmente le cambiaron su nombre. Sin embargo, no es suficiente simplemente que creas en tu corazón que eres un instrumento escogido por Dios. Debes proclamar con audacia quién eres. Joel 3:10 declara: «Que diga el cobarde: «¡Soy un valiente!». ¡Tienes que decirlo! Si te dijeron que eras un fracaso, di: «Soy más que vencedora». Si te dijeron que eras gorda y fea, di: «Yo soy de mi amado, y él me busca con pasión» (Cantares 7:10). ¡Y sigue repitiéndolo hasta que te lo creas tú misma!

4. **Deja de compararte con los demás.** En nuestra naturaleza humana pecaminosa está el deseo de tener lo que no es nuestro. Por eso es que uno de los mandamientos que Dios le dio a Moisés fue: «No codicies» (ver Éxodo 20:17). Vivimos en una cultura que celebra la belleza perfecta, deportividad, celebridad y riqueza; los medios nos recuerdan lo que no tenemos al bombardearnos constantemente con imágenes (que, en realidad, son ídolos) de personas perfectas. ¡No permitas que esos ídolos te controlen! Los medios no son los que establecen la norma, sino Dios. En vez de enfocarte en lo que no eres, celebra el propósito para el cual Dios te creó. Si hubiera pasado mi

vida lamentándome por el hecho de que no pude formar parte del equipo de fútbol, nunca hubiera descubierto otros talentos que Dios me dio.

5. **Sé llena del Espíritu Santo.** Nunca podrás superar las ataduras mentales de inutilidad e inferioridad en tus propias fuerzas. Es el Espíritu Santo quien nos transforma. Así como nos trae convicción sobre nuestro pecado y purifica nuestros motivos, también Él remueve las mentiras que hemos creído y nos sana de las palabras y experiencias que nos han detenido. Pídele que te llene de tal manera que esas mentiras nunca más vuelvan a asediarte.

Mi oración es que, al leer este libro, Dios renueve tu mente y restaure el propósito para el cual fuiste diseñada. También te pido que encuentres la valentía para comenzar una nueva aventura con Él.

—Lee Grady,

conferencista y autor de varios libros, entre ellos,

10 *mentiras que la iglesia le dice a las mujeres* y

Las intrépidas hijas de la Biblia

PREFACIO

El motivo de Dios para crearnos fue su amor. La Biblia establece que desde antes de nuestra concepción Él, en su mente, nos había diseñado. ¿Cómo no emocionarnos con esta maravillosa verdad?

Tengo que admitir que el concepto *autoestima* no lo escuché hasta mi adultez temprana. Estudié una profesión que no se asemeja con nada a la psicología. Fue de los labios de mi amada hermana Lis que oí y entendí el significado de este concepto.

Cuando Lis cursaba su primer año de maestría en Trabajo Social, ella llegó a casa de nuestros padres un domingo en el que se reunía toda la familia. Nos dio a cada uno una hoja de papel en blanco para que escribiéramos algunas virtudes o cualidades positivas de todos los miembros. La dinámica terminó en que teníamos que hacer una lista de las cualidades que veíamos en nosotros mismos también. Lis se impactó grandemente con los resultados. La gran mayoría escribió las virtudes sin ninguna dificultad cuando se trataba de las de los demás, pero muy pocas cuando eran las propias. ¡Imagino que nos hizo un diagnóstico a cada uno de nosotros!

Cada vez que Lis iba a casa de mis padres nos decía que tenía que ofrecer un taller o conferencia sobre la autoestima. Recordamos, en forma jocosa, cuando un día nuestra madre le dijo que cuando tuviera una niña la llamaría Autoestima. Ahora, después de tantos años, sé que ella reconoció la importancia de amarnos a nosotros mismos para llevar una vida sana y feliz en todas las áreas desde el principio de su carrera. Luego del evento de estas dinámicas estuve más consciente de la magnitud de una autoestima alta o positiva.

Quise que mis hijas fueran unas niñas que se sintieran seguras de ellas mismas y de gran valor. Pero mi hija Daliángelis sobrepasó todas mis expectativas. Cuando estaba en grados preescolares me decía que era la más inteligente del grupo. Los viernes, durante esos dos años, celebraban fiestas de cumpleaños y las niñas iban con hermosos vestidos. Le preguntaban a mi hija (vestida muy sencilla) quién estaba más hermosa, y ella me respondía con gran seguridad: «¡Yo!». Hoy día, ella y su hermana Rubí son adultas, con una gran autoconfianza que me llena de felicidad.

Por muchos años tuve que lidiar con los reclamos de familiares y amigos de por qué me dediqué a la crianza de mis hijas y no tuve una vida profesional. Eso no me afectó, pues estaba totalmente convencida que eso era lo que quería hacer. No me interesaba la aprobación de los demás. Las personas no pueden decidir qué realmente nos hace ser una persona feliz, realizada, y cuál es el propósito de nuestras vidas.

En la medida en que nos respetemos a nosotras mismas, los demás nos respetarán. En la medida en que nos amemos a nosotras mismas, los demás nos amarán.

Veamos el amor propio como un imán que atrae a nuestra vida aquellas personas y cosas positivas. Nos amamos cuando cultivamos nuestra vida espiritual, cuidamos nuestro cuerpo, nuestra salud, nuestros hábitos, cuando comemos saludable, dormimos bien y evitamos las relaciones tóxicas.

Las mujeres tendemos a ser fuertes con nosotras mismas. Me he tomado detallando errores, pero luego recapacito y, a nivel consciente, decido no cuestionar mi valía como mujer. Sí debemos aceptar cambiar cuando nos equivocamos, pero nunca jamás condenarnos como seres humanos.

Cuando hago mi revisión de vida, admito con mucha alegría que desde niña he tenido la autoestima bastante saludable. Mis padres hicieron una gran labor conmigo; siempre me hicieron sentir que fui una hija anhelada. Sentí su amor y protección siempre. Además, cuando a temprana edad conocí a Jesús, nuestro Señor, me sentía más amada y segura bajo su cobertura. ¡Cuán importante es tener hermosos recuerdos impregnados de amor en la niñez! Es ahí donde se forma la futura mujer. Debemos procurar, dentro de todas las circunstancias, positivas o adversas, que nuestros hijos tengan una niñez saludable emocionalmente.

Independientemente de todo lo que hayamos vivido, ya sean momentos de mucha felicidad o experiencias tristes que marcaron nuestra vida, o nos hayan dicho palabras constructivas o palabras hirientes e injustas que atentaron contra nuestra dignidad como mujer, no podemos olvidar cuánto valemos.

A través de los años, Lis me ha enseñado grandes lecciones como, por ejemplo: «la felicidad es una decisión»;

«nadie nos hace nada, sino que lo permitimos»; «los seres humanos podemos perder todo menos la fuerza de elegir lo que las experiencias de la vida significarán»; entre otras muchas. Pero una de las más hermosas ha sido el entender el valor que tenemos como mujeres. ¡Mujer, eres hija de Dios! ¡Somos creadas por amor! Esta gran verdad nos hace sentir plenas y con propósito.

—DALIA RUBÍ MILLAND,

autora del libro *Te quiero mucho*

Las personas que han aprendido

a sobrevivir y a perseverar ante

las tormentas de la adversidad son

aquellas que pueden bailar bajo

la lluvia durante la tormenta.

—Ellen J. Barrier

CAPÍTULO 1

¡Valórate!

UN FUNDAMENTO PARA SER FELIZ

Mujer ejemplar, ¿dónde se hallará?
¡Es más valiosa que las piedras preciosas!
PROVERBIOS 31:10

Las lloviznas caían livianas sobre las mejillas de Emma. Había llovido por varias horas. Las cunetas inundadas se escurrían en las alcantarillas y cualquier pedazo de tierra se tornaba en lodo. Emma, algo nerviosa, se balanceaba en sus tacones bajo un paraguas. Después de tener luchas internas, se convenció de llegar hasta el consultorio de una consejera. Personas que la conocían bien y que la amaban, les insistían en la importancia de que buscara ayuda. Les preocupaba la manera en que Emma se veía a sí misma. Siendo un ser especial, se sentía inferior.

Emma entró en la oficina. Colocó su paraguas junto a la puerta y al percatarse de que no había nadie, comenzó a observar el consultorio. Había una butaca, un sofá y un cuadro colgado en la pared. En el cuadro se veía un valle forrado de girasoles, y en el fondo, se elevaban unas montañas inmensas hasta alcanzar un cielo claro y despejado que era atravesado por un grupo de pájaros.

Al ver que nadie salía a su encuentro, Emma tomó su paraguas, lista para abandonar la oficina. Justo cuando su mano alcanzó la perilla de la puerta, escuchó aquella voz.

—¿Qué te trae por aquí? —preguntó la consejera con una amplia sonrisa mientras se sentaba en su butaca.

Emma volteó a ver la consejera, soltó el paraguas y por primera vez, casi como si se tratara de un gesto involuntario, secó las lloviznas en su rostro con la manga de su blusa y se sentó en el sofá.

—Supongo que aún no lo tengo muy claro —exhaló en un gesto de derrota mientras el resto de las palabras parecían escapársele del corazón a la boca—. Por mucho tiempo estuve tratando de engañarme, pero ya no lo quiero hacer más. La realidad es que siento que no valgo mucho. Como no me valoro, tomo decisiones que demuestran que no me amo. Me lastimo y permito que otros también me dañen. Aunque trato de ponerme máscaras, mi realidad es que estoy débil emocional y espiritualmente. Estoy triste. No soy verdaderamente feliz. En ocasiones, no le encuentro mucho sentido a mi vida. Mi mente está en un cautiverio. ¿Qué puedo hacer? ¿Cómo puedo lograr que otros me valoren?

La consejera la miraba con compasión, sin dejar de sonreír en ningún momento. Sus ojos eran como dos luceros que transmitían paz. La joven tenía la sensación de que esa mirada le traspasaba el alma.

La consejera observó que Emma llevaba puesta una pulsera con piedras de distintos colores en la muñeca izquierda.

—Tu pulsera es hermosa. ¿Has visto lo brillante que es?

Emma quedó desconcertada ante la pregunta. Esperaba que la consejera tuviera una reacción a lo que ella estaba diciendo. No que le hablara de la pulsera que llevaba puesta.

—No le he prestado mucha atención. La encontré tirada en el medio de la calle cuando venía hacia acá. Supuse que si estaba allí y nadie se había interesado en recuperarla es porque no cuesta mucho—. Contestó en un tono pasmoso.

—Por favor, ve al joyero de la esquina para que evalúe el valor de las piedras que tiene esa pulsera. La sesión terminó por hoy. Nos vemos la próxima semana.

La consejera se levantó de la butaca, caminó hasta la puerta y la abrió para que Emma saliera de la oficina. Antes de cruzar la puerta, la consejera le puso la mano en el hombro a Emma y amplió aún más su sonrisa.

—En este lugar, la terapia siempre la dirige Dios —le dijo con dulzura.

Emma salió frustrada del consultorio. Tenía ira y pensaba: *Tanto trabajo que me costó llegar a buscar ayuda. ¡Qué desilusión tan grande! Yo esperaba que la consejera me resolviera el problema y cambiara la forma en que me siento.*

Al pasar los días, Emma no podía dejar de mirar la pulsera y sus piedras. Se preguntaba: ¿Será valiosa? ¿Cuánto costará? Al sexto día llegó hasta la joyería que la consejera le había recomendado.

Cuando la joven entró a la joyería y le entregó la pulsera al joyero, se fijó en la cara de asombro de aquel hombre. Él buscó la lupa de alto aumento, la observó y la colocó en una pesa cuidadosamente. Guardó un silencio casi solemne y, con gran precisión, analizó cada una de las piedras de la pulsera. En ella identificó diamantes, rubíes y zafiros.

—¡Cuesta 71 millones de dólares! —rompió el silencio luego del minucioso estudio.

—¿Ese es el valor de la pulsera? —preguntó Emma con la sensación de que se iba a desmayar.

—No. Eso no es lo que vale la pulsera. Eso es lo que cuesta una de sus piedras solamente. Es la estrella rosa, un diamante de más de 50 quilates, una gema perfecta, el más grande en su categoría y la joya más valiosa del mundo. Ten, guarda el brazalete aquí —el joyero extendió la mano y le obsequió un cofre de madera con pájaros tallados.

Al salir de la joyería, Emma no podía creer lo que le había pasado. Aun sintiéndose algo mareada, puso la pulsera con extremo cuidado en el cofre de madera y lo metió dentro de su bolso. Cuando llegó a su casa, procuró esconderlo en un lugar especial. No había que pensar mucho el hecho de que debía vender cada una de esas piedras preciosas por separado y convertirse en una joven millonaria. Esa noche casi no podía dormir pensando en cuántas cosas podría hacer con todo ese dinero. ¡Al fin sería feliz!

Al otro día, buscó el cofre y cuando lo abrió no encontró la pulsera. En total desesperación, se preguntaba: ¿Cómo es posible? *Me la han robado.* Al primer lugar que se le ocurrió ir fue a la joyería de la esquina. Corrió desde su casa hasta el lugar. Ese joyero era el único que sabía del valor de la pulsera. Para su sorpresa, cuando llegó hasta aquella esquina, la joyería no existía. Había un terreno vacío en su lugar. Absorta y sin poder entender lo que estaba pasando, buscó respuestas en un anciano que caminaba por la acera del frente.

—Disculpe, ¿usted es de por aquí? —preguntó Emma al anciano.

—Yo soy un mensajero que camina por todos lados —contestó con una armoniosa voz y con los ojos puestos en el horizonte.

—¿Usted sabe algo sobre la joyería que estaba en esta esquina?

—En realidad, ahí nunca ha habido una joyería, ni tampoco ahora. En ese lugar se liberan los pájaros.

—¿Pájaros?

—Sí, pájaros. Hay aves que necesitan salir de las jaulas —dijo el anciano, y por primera vez, la vio a los ojos.

El anciano, sin decir otra palabra, se alejó de ella. *Yo necesito una explicación*, pensó Emma y recordó la cita con la consejera. Llegó hasta el consultorio. Fue recibida con la misma sonrisa con la que había sido despedida la última vez que estuvo allí. A toda prisa y casi sin tomar respiración, la joven le contó todo lo que había vivido. La consejera la escuchaba atentamente.

—Tu valor es mucho más alto que el de esas piedras preciosas. En tu vida te ha ocurrido lo mismo que te pasaba con la pulsera. No has podido valorarte, porque desconoces el alto precio que tienes.

—Entonces, ¿el joyero y la joyería no existen? —preguntó Emma.

—Existen en tu recuerdo y allí quedarán por siempre, porque han tenido una función. Allí te fue dado a conocer que una piedra preciosa es valiosa y única. Nadie más tiene que verlo y reconocerlo. Lo esencial es que tú lo comprendieras. Lo más importante que debes recordar es que al conocer tu valor vivirás con propósito. Allí fueron liberados los pájaros en tu mente. Esas aves son los pensamientos que estaban en cautiverio. La jaula fue abierta y ahora vuelan hacia las alturas. Ya terminamos la sesión por hoy. Si te encuentras con el anciano le das saludos de mi parte. Él es mi amigo.

Al conocer tu valor vivirás con propósito.

Con mucha calma, la consejera se levantó de su colorida butaca y le abrió la puerta. Cuando Emma estaba saliendo de la oficina, la consejera le puso la mano en el hombro.

—Todo este proceso en tu vida, así como la terapia, lo dirigió Dios.

Hasta hoy no ha sido necesario para Emma regresar al consultorio de la consejera. Pero siempre la recuerda con cariño. De vez en cuando, sube una montaña para reflexionar en la enseñanza de aquellas valiosas piedras de diferentes formas y brillantes colores. Agradece que las aves fueran liberadas. Es millonaria en lo que es más importante: amor propio y un propósito para vivir. Ahora, es feliz.

Valórate y vive con propósito para ser feliz

Valorarse es quizás uno de los aspectos más importantes para vivir libres y felices en un mundo tan complejo. Está altamente comprobado que la visión que tenemos de nosotras mismas es un factor determinante en la autoestima, la salud mental y en nuestras relaciones interpersonales. Estoy convencida de que muchas depresiones, sentimientos de vacío, cansancio emocional, trastornos de ansiedad, adicciones, conflictos, frustraciones, comportamientos autodestructivos, malas decisiones, temores, inseguridades y relaciones codependientes tienen como raíz el que la persona no sabe quién es y, por consiguiente, no se valora. Y hasta tiene un impacto en la forma en que fluimos espiritualmente, porque cuando conocemos el valor que tenemos podemos vivir activamente en el cumplimiento de nuestro propósito en Dios. Una buena autovaloración personal es la base sobre la que se apoya todo nuestro ser.

Cuando en terapia le pregunto a las mujeres: «¿Cuáles han sido los momentos en tu vida en los que has sido más feliz?». La respuesta frecuente suele ser algo como esto: «Cuando he tenido conciencia de mi valor y he estado en pleno cumplimiento de mi propósito en Dios». Es decir, para una persona ser feliz es fundamental valorarse y caminar en el propósito para el cual ha sido diseñada. Los seres humanos tenemos que aprender a amarnos y reconocer que hemos nacido con una misión especial.

> Una buena autovaloración personal es la base sobre la que se apoya todo nuestro ser.

Para mucha gente la felicidad es algo frágil. Un día la tenemos y al otro día la podemos perder. Pero aun así todos la quieren, la buscan y la necesitan. En todas partes del mundo vemos que la felicidad y el bienestar que ella trae es más que anhelada, y muchos sienten que es difícil de alcanzar. El asunto es que ya se sabe que la felicidad no está en nada ni en nadie fuera de nosotras mismas. La felicidad está dentro de ti y tiene sus grandes beneficios cuando la descubres a través del conocimiento profundo de tu ser, abrazas tu verdadera identidad y emprendes los planes que el Señor tiene para tu vida. ¿Cuáles son esos beneficios que las mujeres tienen cuando son más felices? Las mujeres felices tienen un sistema inmunológico más fuerte, gozan de mayor bienestar emocional, se deprimen menos y sufren menos de ansiedad. Además, tienen la probabilidad de disfrutar más plenamente de sus matrimonios y viven con mayor plenitud la maternidad, porque disfrutan de calidad de tiempo con sus hijos y de las relaciones interpersonales cuando se deleitan en la felicidad y el éxito de otros. También son líderes más efectivas, porque se comunican con mayor asertividad, y son más exitosas como empresarias, porque su mentalidad es optimista.

> La felicidad no está en nada ni en nadie fuera de nosotras mismas.

Comprender que la felicidad está en valorarnos y vivir en la voluntad de Dios conforme a nuestro propósito en este mundo, nos permitirá estar firmes y no ser engañadas ante las cosas que tradicionalmente enseña la sociedad sobre donde está verdaderamente la plenitud de una mujer. Las empresas de mercadeo, la internet, la radio tradicional y los comerciales televisivos suelen llevar el mensaje de que las mujeres seremos felices cuando vistamos más a la moda, usemos cierto tipo de calzado, nuestro armario esté lleno de ropa, tengamos un auto más moderno. Otros por la cantidad de dinero en la cuenta bancaria, lo que llevas puesto en el dedo anular, el valor de lo que llevas colgando del cuello, lo que te sirves en la mesa o de los restaurantes que frecuentas. Algunos muestran que la felicidad llega cuando pierdes peso o te aumentas el busto, te reduces la papada, te eliminas las arrugas, cuando controlas la celulitis, cuando logras tener una cita con un hombre, cuando tengas un compañero, y así sucesivamente.

Pero nada de esto cumple con lo prometido. Ya han sido muchas las que han alcanzado esto y no se sienten felices. ¿Por qué? Porque debes amarte, valorarte y vivir plenamente en tu propósito para ser feliz. En cuanto hacemos esto, también podemos regalar felicidad a otros.

Ámate sin sentirte culpable por eso

Hay una epidemia de inseguridad y falta de valor propio en nuestra sociedad. Muchas mujeres tienen complejos, se sienten mal con ellas mismas y esto les roba el gozo y hasta los deseos de vivir a plenitud. Un factor que ha contribuido para que esto sea así es el hecho de que, en nuestras culturas, existen modelos de creencias y estilos educativos que tienden a sancionar y criticar el que las mujeres nos valoremos.

Gracias al Señor ha habido cierto progreso, pero aún este gran bien, de que nos amemos y vivamos en nuestro propósito, es tildado como un acto narcisista y pedante. Mientras valoremos a todos y nos

Debes amarte, valorarte y vivir plenamente en tu propósito para ser feliz.

sacrifiquemos por otros, recibiremos los aplausos públicos. Si contribuimos y estimulamos a que otros cumplan sus propósitos en la vida está bien. Sin embargo, en ocasiones, cuando una mujer se valora, se ama y se realiza a sí misma, puede ser penalizada y juzgada.

Me he dado cuenta con el pasar de los años, e interviniendo con miles de mujeres en terapia, que el autorrespeto, el amor propio y la autocomunicación no suelen tenerse en cuenta. Más aún, se considera de mal gusto el que una mujer se ame, sea segura de sí misma y se considere importante para Dios. La Biblia dice que no debemos tener más alto concepto de nosotras mismas que el que deberíamos tener (ver Romanos 12:3). Pero te aseguro que no debemos tener tampoco menor concepto de nosotras mismas que el que nos corresponde como hijas amadas de Dios. La negación del reconocimiento personal es una forma de autodestrucción.

La voluntad de Dios es que seas feliz y que disfrutes todos los componentes de tu vida, y esto te incluye a ti misma.

Uno de los objetivos de este libro es que quede impregnado en todo tu ser el hecho de que tienes el derecho de valorarte, amarte y a no sentirte culpable por eso. Tienes derecho a descubrir lo que te hace feliz, que le des valor a lo que anhelas, con lo que cuentas, a mimarte, cuidarte y a disfrutar absolutamente todo de ti. La voluntad de Dios es que seas feliz y que disfrutes todos los componentes de tu vida, y esto te incluye a ti misma.

Nuestra estructura mental, lamentablemente, se va formando más sobre la base de la opinión y la evaluación de otros que en lo que Dios ha determinado. Nos hacemos víctimas de los paradigmas sociales y sus inventos. Estamos demasiado orientadas «hacia afuera», en una búsqueda de aprobación de los demás y perdemos el valioso tiempo de gustarnos a nosotras mismas y de activar el propósito por el cual hemos sido creadas. Hasta el punto que podríamos caer en la trampa del temor a ser rechazadas y de la adicción al reconocimiento.

Como a las cosas más valiosas, necesitas un trato especial, y la mejor persona que puede hacer eso por ti eres tú misma. Eres una joya preciosa y la máxima creación de Dios. No puedes permitir que te lastimen, ni darte el lujo de autodestruirte cuando la Biblia dice de ti:

«Lo hiciste un poco menor que los ángeles, y lo coronaste de gloria y de honra».

HEBREOS 2:7

«Pues lo hiciste poco menos que Dios, y lo coronaste de gloria y de honra».

SALMOS 8:5

«Porque somos hechura de Dios, creados en Cristo Jesús para buenas obras, las cuales Dios dispuso de antemano a fin de que las pongamos en práctica».

EFESIOS 2:10

Dios declara que tenemos dignidad y valor, debido a que Él envió a su Hijo Jesús a morir por nosotras. Ninguna mujer ni ninguna persona tienen que sufrir por un sentimiento de minusvalía. No debemos caminar por la vida sintiéndonos mal con nosotras mismas, como a muchas mujeres les ocurre. Comúnmente las personas que se sienten así piensan:

«Hay algo mal en mí».

«No logro lo que quiero ser».

«Soy insuficiente».

«Mi físico no es como debería ser».

«Tengo miedo».

«Me siento insegura».

«No estoy donde debería estar».

«Soy inapropiada».

Creo firmemente que Dios quiere que nos sintamos seguras de nosotras mismas. La falta de autoconfianza nos atormenta y no nos permite disfrutar de las bendiciones que ya el Señor ha preparado de antemano para cada una de nosotras. A través de los años he aprendido que el fundamento de la autovaloración es conocer quiénes somos en Cristo. Debemos aceptar el amor incondicional de Dios y aceptarnos a nosotras mismas, aun con nuestras debilidades e imperfecciones. Esto nos alejará de darle tanta importancia a las opiniones de otras personas y vivir de forma victoriosa.

El fundamento de la autovaloración es conocer quiénes somos en Cristo.

La construcción que has hecho de ti

Desde que somos niñas nos enseñan conductas de cuidado personal como lavarnos los dientes, bañarnos, cortarnos las uñas, comer y vestirnos. Pero muy poco se nos enseña del cuidado emocional y la higiene mental que debemos hacernos a nosotras mismas. Existe una tendencia a la falta de educación en algo tan importante como querernos, gustarnos, contemplarnos y confiar en nosotras mismas. La imagen que tienes de ti no es heredada, ni genéticamente transmitida; es aprendida. El cerebro humano cuenta con un sistema de procesamiento de la información que hemos almacenado en la experiencia social. Esta información se guarda en la memoria en forma de creencias y teorías. De esta manera, poseemos información de cosas y objetos, el significado de palabras, situaciones, tipos de personas, actividades sociales y mucho más.

Así como construyes una representación interna del mundo que te rodea, de igual forma construyes teorías y conceptos sobre ti misma. Cuando tu autoconcepto aprendido es distinto al valor que tienes y al propósito que el Señor te ha dado, se genera un problema. Pero te tengo una buena noticia: nunca es tarde para comprenderlo y empezar a vivirlo.

> **La imagen que tienes de ti no es heredada, ni genéticamente transmitida; es aprendida.**

A pesar de que los diseños negativos que hemos construido de nosotras mismas pueden hacernos mucho daño, hay quienes muestran la tendencia a conservarlos y, más grave aún, alimentarlos. La tendencia a mantener estos esquemas a toda costa conduce al deterioro de la salud mental y del sentido de bienestar. Llevan a las mujeres a conductas autodestructivas. Cuando no te amas, tomas decisiones que te lastimarán.

En las intervenciones terapéuticas que he hecho con mis pacientes por más de 20 años, me he percatado que, a veces, es muy difícil cambiar las creencias que las mujeres tienen sobre sí mismas, pero nunca ha sido imposible. Mi alma se llena de gozo y gratitud cada vez que una mujer comienza a verse a sí misma como Dios la ve y abre la puerta para vivir en la convicción de su valor incalculable. Es que los seres humanos podemos tener una resistencia a cambiar las cosas, aun cuando en nuestro interior sabemos que es lo más saludable. Si configuras un esquema negativo sobre ti, te puede acompañar por mucho tiempo. Sobre todo, si ese esquema fue infundado por una figura significativa de tu vida. La buena noticia es que nunca es tarde para modificarlo. Es así el caso de una gran amiga pastora.

Por mucho tiempo, ella sufrió porque se sentía incapaz de amarse a sí misma y vivía esperando que otras personas vinieran a hacerla feliz. Desde que tenía uso de razón, tuvo esa demanda específicamente con su madre. Anduvo buscando afectivamente en su mamá lo que ella no le podía dar. No porque no quería dárselo, sino porque no sabía cómo expresarlo a causa de sus experiencias vividas en el pasado. Cuando mi amiga nació, ya su hermano tenía diez años. Su mamá solía decirle que había llegado a este mundo por accidente.

Hoy en día ella sabe que no es así, sino que nació por la voluntad perfecta de Dios. Además, reconoce que en su trayectoria de la infancia y la adolescencia de vida hubo palabras y frases que la marcaron significativamente, especialmente en su autoestima. Casi todas salían de la boca de su madre. Lo que trajo mucho choque entre ambas.

Su enfoque de vida, en aquel entonces, era buscar de continuo la forma de complacer a su madre, algo que le resultaba imposible. Cuando llegaba con buenas noticias acerca de sus notas en la escuela o algún reconocimiento recibido, su mamá le elevaba el estándar de que pudo haber sido mejor. Esto hacía que terminara frustrada, porque por más que se esforzaba nunca era elogiada, ni reconocida por ella. Mi amiga vivía con rebeldía emocional porque no podía ser ella misma. Ni siquiera tenía voz, ni identidad de cómo vestirse. Todo tenía que ser hecho según su madre decía y establecía. Tenía su autoestima por el suelo. No se sentía atractiva, ni amada ni capaz. No valoraba sus talentos, ni sus habilidades. Experimentó rechazo en muchos lugares y por gente que esperaba la amaran como ella era. Comenzó a tener episodios de depresión profunda. Se aislaba con frecuencia. Vivía encerrada en su habitación a puerta cerrada y apenas tenía comunicación con sus padres.

Los años siguieron pasando, y al ella tener un encuentro con Jesucristo, su identidad se fue sanando. Tuvo la oportunidad de perdonar y entender que su madre, en su niñez, fue muy lastimada. Su madre fue una niña herida. Cuando nuestra autoestima es lacerada por un familiar importante, como lo son mamá y papá, requiere mucho valor comprender el proceso y perdonar.

Comenzó a dejar de compararse con las demás personas y reconocer su autenticidad. Empezó a tratarse con respeto. Su monólogo interior cambió. Sus críticas hacia ella misma se volvieron constructivas en vez de destructivas. Entendió que lo vivido fue necesario para poder ayudar a tanta gente que Dios soberanamente ha puesto en su camino. Especialmente gente marcada por el recha-zo dentro de sus hogares de origen. Cada día que pasa decide ser feliz y ver la vida con otros ojos.

Todo lo que sucede en tu vida, ya sean temores e inse-guridades, placeres, disgustos, lo que te han dicho sobre quién eres o lo que nunca te han dicho que eres, sen-tirte amada o rechazada, todo se organiza en una ima-gen interna sobre tu propia persona, y eso constituye tu YO. Puedes pensar que eres inteligente, bonita, exitosa, audaz, incapaz, mediocre, fracasada, fea o una mala per-sona. Cada una de estas características y calificativos son el resultado de una historia previa en la que has hecho un diseño, un esquema y una teoría sobre ti misma. Hay autoesquemas positivos y los hay negativos. Los primeros te llevarán a valorarte y amarte. Los segundos, a menos-preciarte y rechazarte.

Soy de las que creo que nunca es tarde para hacer los cambios necesarios que conduzcan a nuestra felicidad. Para ti ha llegado ese momento.

ORACIÓN

Padre celestial, mi alma rebosa de gratitud por quien soy en ti. Tú me has dado una identidad única y un valor incalculable que nada ni nadie me los puede quitar. No me los quitan las experiencias que he vivido, desde las más remotas hasta las más recientes. No me los quita ninguna persona de mi pasado, ni de mi presente. Decido hoy sentirme plena y completa con todo lo que soy. Un ser único, especial e irrepetible, que ha nacido con un propósito de trascendencia. Ayúdame, Señor, a recordar mi valor todos los días de mi vida.

En el Nombre de Jesús.

Amén.

EJERCICIOS PARA CONTESTAR, REFLEXIONAR Y APLICAR

1. Identifica y escribe diez cualidades positivas que tú tienes.
   a.
   b.
   c.
   d.
   e.
   f.
   g.
   h.
   i.
   j.

2. ¿Cuáles son los pensamientos negativos que tienes de ti misma? Luego, transfórmalos en pensamientos positivos.

   Mensajes negativos:
   a.
   b.
   c.
   d.
   e.

   Mensajes transformados:
   a.
   b.
   c.
   d.
   e.

3. Contesta: ¿Cómo puedo comenzar a amarme a mí misma de forma más madura?

_____

_____

_____

_____

_____

4. Diseña un plan sobre las decisiones que vas a tomar en estos momentos de tu vida para demostrarte el valor que tienes.

_____

_____

_____

_____

_____

Somos producto de nuestro pasado,

pero no tenemos que ser

prisioneros de él.

RICK WARREN

CAPÍTULO 2

¡Descubre!

¿Cuáles son las raíces?

Asegúrense de que nadie deje de alcanzar la gracia de Dios;
de que ninguna raíz amarga brote y cause dificultades y
corrompa a muchos.

Hebreos 12:15

Lo que piensas, crees y sientes sobre ti misma es resultado de las distintas experiencias que has tenido a lo largo de tu vida. En cada una de las etapas del desarrollo, según los mensajes directos o indirectos recibidos, se formula el autoconcepto y la autovaloración, que comienzan desde el momento de tu concepción hasta la etapa en la que te encuentras actualmente. Cada una de nosotras es resultado de las experiencias tenidas a lo largo de la vida y de la manera en que las hemos interpretado. Cuando identificamos que nuestra autovalía se ha distorsionado, Dios siempre se encarga de darnos nuevas oportunidades para que podamos reinterpretar nuestra historia.

Cuando una mujer tiene una autoestima pobre suele ser resultado directo de: (1) las vivencias que ha atravesado; (2) la forma en que estas vivencias han sido codificadas; y (3) no se han resuelto internamente. En adición, se muestra unas necesidades psicológicas que no han sido manejadas o satisfechas. Sin embargo, he sido testigo de muchas pacientes que han trasformado la pesadilla de sus historias de vida en una oportunidad de crecimiento. Ese proceso de sanidad fue liberarse de ese laberinto en el que no podían encontrar la salida.

Todo lo que nos ha sucedido, seamos conscientes o no, deja una huella indeleble; nos marca y nos condiciona. A partir de ahí, vamos filtrando la vida desde esas experiencias. Siempre digo en mis conferencias que esas experiencias son como unos espejuelos. Identifico en la audiencia alguna mujer que use espejuelos, me los pongo y les digo: «Todo lo que hemos vivido es como unos espejuelos a través de los cuales nos vemos a nosotras mismas, y estos tienen cristales de diferentes colores según las experiencias que hayamos vivido».

> Todo lo que nos ha sucedido, seamos conscientes o no, deja una huella indeleble.

Las experiencias pasadas no solo condicionan nuestro presente, sino que, si no nos damos el espacio y la oportunidad de trabajarlas, también tendrá un impacto en nuestro futuro. Una vez que una experiencia, especialmente traumática –como lo son el abandono, el rechazo y el abuso– queda impregnada en nuestro ser interior, y repetimos esos sentimientos, puede atraer una serie de comportamientos autodestructivos y cíclicos. Podemos llegar a creer que eso es parte de nuestra identidad.

En el vientre

Espiritualmente, Dios pensó en ti desde antes de la creación del mundo (Efesios 1:4) y antes de que Él te formara en el vientre materno, ya te conocía (Jeremías 1:5). ¡Así de especial tú eres! En el plano natural, todo comienza con la concepción. El hecho de si fuiste un bebé deseado o no deseado, suele tener un impacto en tu autoconcepto. También, si en el embarazo fuiste considerada importante o si fuiste rechazada, esto suele conllevar unas marcas sobre cómo te ves a ti misma.

Ha sido altamente comprobado por la ciencia que mientras estamos en el vientre de nuestras madres, percibimos todo lo que está sucediendo a nuestro alrededor y estamos grabando mensajes directos o indirectos sobre nuestra identidad emocional por las figuras que rodean el embarazo y por, sobre todo, la figura materna. La comunicación intrauterina de la madre con el bebé es natural, tanto a nivel fisiológico como emocional. Se ha visto en sonogramas que, si la madre llora o está triste, el bebé en el vientre llora también. Si la madre transmite paz, amor y compasión de forma no verbal, por medio de las sensaciones éstas influyen en las emociones del bebé. Esto es así porque desde el momento en que estamos vivas comenzamos a registrar todo tipo de sensaciones, tanto emocionales como espirituales; tanto las agradables como las desagradables.

Desde el vientre, ya estamos captando el amor o el rechazo de nuestra madre. Esa es nuestra primera experiencia con el mundo y con nuestro sentido del «yo». El modo en que lo experimentamos nos crea predisposiciones de personalidad y carácter. La gran mayoría de las interpretaciones sobre quiénes somos actualmente tienen como base nuestra historia personal y las experiencias que nos han tocado vivir desde ese momento en el que fuimos colocadas en el vientre de nuestras madres. Desde el vientre todos requerimos satisfacer unas necesidades emocionales básicas como seguridad, protección, valoración, tranquilidad y amor.

Cuando ocurre el nacimiento es un momento novedoso, y por esto suele estar acompañado de ansiedad. Dar a luz puede ser traumático, tanto para la mamá como para su bebé. De hecho, ha sido comprobado que puede haber una correlación entre la aceptación que la madre tiene con el nacimiento de su hijo y el tipo de parto que le practican.

Algunas indicaciones de esto y cómo puedes trabajarlo:

1. *¿Cuáles suelen ser las repercusiones sobre el sentido de valor propio en las personas adultas cuyas necesidades emocionales básicas no fueron satisfechas cuando estaban en el vientre de sus madres?*
   - No confían en las personas. Tienen la idea recurrente que los demás les van a fallar o a rechazar.
   - Tienen dificultad en identificar lo que verdaderamente quieren en la vida.
   - Creen que las necesidades de los demás siempre serán más importantes que las suyas.
   - Necesitan tocar a otros compulsivamente.

2. *¿Qué puedes hacer en el presente para repararlo?*
   - Aprende a confiar en ti misma y en las demás personas.
   - Acepta el amor del prójimo. Recíbelo y disfrútalo.
   - Vincúlate sin temor y emocionalmente con otros.
   - Desarrolla afirmaciones como las siguientes: «Dios ha preparado un lugar especial en este mundo para mí» o «Mis necesidades y seguridad son importantes» o «Me amo a mí misma y me alegro que Dios me haya creado para un propósito especial».
3. *¿Cómo saber si has superado las deficiencias de las experiencias que tuviste mientras estabas en el vientre de tu madre?*
   - Pides respeto y esperas que los demás te traten con cuidado y consideración.
   - Confías en que los demás pueden tener buenas intenciones y disfrutas de las relaciones interpersonales.
   - Te permites ser tocada y tocas a los demás estableciendo límites saludables.
   - Cuidas tus necesidades y haces lo mismo por los demás.

La niñez

Los primeros cinco años son sumamente importantes. Muchos de los mensajes positivos o negativos que nos hablamos a nosotras mismas tienen que ver con esta etapa. Todo lo que nos ha sucedido en la infancia, seamos conscientes o no, nos deja una huella indeleble, nos marca y nos condiciona en cómo nos vemos a nosotras mismas. ¿Cuáles tú recuerdas, o te contaron, fueron los mensajes que recibiste sobre ti misma en los primeros cinco años de tu vida? Hay un mensaje muy contundente y es el de si somos o no amadas.

Una gran amiga de nuestra familia sufrió el abandono de su padre. Esto la hizo vivir con muchos temores, complejos, inseguridades y una timidez extrema. En su infancia, no tenía amigas. No iba a fiestas de cumpleaños, ni a actividades escolares, porque no quería tener conversaciones en las que le pudieran preguntar por su padre. Era una vergüenza para ella que los demás supieran que no la amaba. Su madre trabajaba mucho, criándola a ella y a sus hermanos sola. En muchas ocasiones, llegó a ver a su madre llorar en secreto. Hasta se llegó a preguntar para qué estaba en este mundo si no era feliz. Cuando tomó un taller de sanidad interior se percató de la importancia de curar todo ese dolor emocional.

Si nuestras necesidades emocionales básicas de protección, apoyo, cuidado y amor no han sido satisfechas adecuadamente en la niñez nos crea incertidumbre e inseguridad. Principalmente, según el vínculo de amor que establezcamos con nuestra madre, padre u otros cuidadores principales, se desarrollará una sensación de valor con respecto a nosotras mismas. La primera felicidad de un niño es saber que es amado.

> **Si nuestras necesidades emocionales básicas no han sido satisfechas adecuadamente en la niñez nos crea incertidumbre e inseguridad.**

Es importante que sepas que, aunque no hayas recibido el amor de tu madre, padre u otras personas que se suponía que te amaran, cuentas con la fuente inagotable del amor de Dios. Ya lo dijo a través del profeta Isaías:

«¿Puede una madre olvidar a su niño de pecho, y dejar de amar al hijo que ha dado a luz? Aun cuando ella lo olvidara, ¡yo no te olvidaré!».

ISAÍAS 49:15

La necesidad de dar y recibir amor cobra sentido durante toda la niñez. Esta etapa se considera que dura hasta aproximadamente los doce años. Si de niñas captamos la idea de que solo recibimos amor si hacemos las cosas bien, sentiremos mucha tensión cuando interpretemos que hacemos las cosas mal. Es muy importante que los adultos nos hayan asegurado que nos quieren siempre, aunque corrigieran nuestros comportamientos o nos enseñaran a hacer las cosas mejor.

Cuando hay dolor emocional en esta etapa es porque en el proceso de forjar nuestra identidad y reconocer nuestro valor propio, de forma inconsciente, copiamos modelos defectuosos. Hay una tendencia a repetir los comportamientos parentales en los que se reflejan los problemas que los padres tienen consigo mismos, con su cuerpo y en sus relaciones interpersonales. También, los comportamientos parentales nos pueden generar rechazo, culpas y autocríticas. Si este es tu caso, te recuerdo que nuestros padres, a su vez, con una alta probabilidad, han copiado de sus padres esas emociones de vergüenza, culpa e inseguridad. Todo esto es una cadena.

Una de las repercusiones que más veo en el centro de consejería de cuando una mujer tiene su niña interna herida, o con sentimientos de abandono, es la repetición o la tendencia a elegir una pareja que es la proyección de sus padres, o una pareja que contribuye a no amarse o valorarse a ella misma. Por eso es que es tan importante que nos demos cuenta de qué modelos hemos tenido para sanarlos en el Nombre de Jesús, y así poder seleccionar relaciones saludables que contribuyan a reforzar nuestro valor propio.

Hubiera sido ideal que todas hubiéramos tenido un apego emocional seguro con nuestros padres o cuidadores de la infancia. Hay personas que han tenido una niñez saludable, pero sin temor a equivocarme afirmo que la mayoría de nosotras hemos tenido diferentes retos de sobrevivencia a rechazos, maltratos emocionales, sexuales, físicos o de abandono psicológico. En un momento dado de la vida, todos necesitamos entrar en un proceso de sanidad para dar un cierre a los eventos dolorosos de nuestra historia y que han tenido un impacto en cómo nos vemos a nosotras mismas. Reconocemos que estos procesos pueden ser molestos e inquietantes, porque sanar puede doler; pero siempre, siempre, vale el esfuerzo sanar la niña herida y liberarla.

Algunos indicios que nos ayudan a reconocer que necesitamos sanidad emocional y sus respuestas a ellos son:

> **Todos necesitamos entrar en un proceso de sanidad para dar un cierre a los eventos dolorosos de nuestra historia y que han tenido un impacto en cómo nos vemos a nosotras mismas.**

1. *¿Cuáles son los indicadores de que hubo fallas en la etapa de la niñez?*
   - Dificultad para expresar cómo te sientes por miedo a ser rechazada.
   - Sentirse inadecuada o, por el contrario, pensar que el mundo gira alrededor de una.
   - Dificultad para establecer límites.
   - Compararse con los demás y tener una necesidad de sobresalir.
   - Ser excesivamente crítica de ti misma y de los demás.
   - Buscar continuamente amor y afirmación de las demás personas.
2. *¿Qué puedes hacer en el presente para repararlo?*
   - Cuida a tu niña interior ofreciéndole amor, seguridad y protección. Puede ser que las figuras de tu infancia, que se suponía que te dieran estas cosas, no lo hicieron. Hoy lo puedes hacer tú con la ayuda de Dios.
   - Aprende a apreciar tus cualidades espirituales, emocionales y físicas.
   - Disfruta escribiendo cómo te sientes, cómo te ves y qué quieres para ti en cuanto a tus sueños e ilusiones.
   - Celebra tus logros.
   - Busca lo mejor de ti y lo mejor de los demás.
   - Reconoce que hay personas que pueden sobresalir más que tú en ciertas áreas. Míralos con admiración, respeto y aprende de ellas.
3. *Afirmaciones que puedes repetirte a ti misma para completar el proceso de sanar tu niña interna:*
   - «Te amo y me gusta cómo eres».

- «No está mal que pienses en ti misma, en lo que necesitas y quieres».
- «Está bien que establezcas límites con las cosas, actitudes y personas que te hacen daño».
- «Puedes buscar y encontrar ayuda porque mereces vivir libre y feliz».
- «Dios te ama y tiene cuidado de tu vida».

La adolescencia

Conozco una mujer extraordinaria que ha superado una historia de dolor y quien actualmente es presidenta del ministerio de educación cristiana en su iglesia. Ella narra que durante su adolescencia fue atacada con palabras negativas, las cuales muchas veces vinieron de los «hermanos en la fe». Esas palabras calaron muy profundo en ella inundándola de complejos y temores. Además, ella había sobrevivido al abuso sexual en su infancia. Quienes han atravesado la dura experiencia del abuso sexual pueden generar indefensión, culpa, vergüenza, temores, ansiedad, dificultad para expresar sus sentimientos, dificultad para confiar en los demás, aislamiento, problemas para vincularse afectivamente, disfunciones sexuales, depresiones y baja autoestima.

Durante su juventud enfrentó mucha confusión, pues lo que veía y escuchaba no era compatible con ser parte de una familia cristiana, tanto en su familia biológica como en la familia de la fe. Esto hizo que se fuera alejando de Dios y no hubo nadie en su familia que se sentara a trabajar la situación de forma saludable. Ella solo tenía la necesidad de que los que estaban más cerca le dijeran que Dios la amaba y ellos también. Pudo identificar desde esa etapa, que en su hogar había preferencia con su hermana y eso la hacía sentir muy mal. Cuando hay preferencia por uno de los hermanos nuestro sentido del «yo» es lastimado y siempre puedes quedarte con la sensación de que debes competir para ser aprobada, y de que otros siempre serán mejor que tú.

Muchas veces, en su adolescencia escuchó, a manera de repudio, que físicamente se parecía a su padre. Nunca le dijeron un «te amo», ni siquiera un «te quiero» de las personas que más necesitaba que se lo dijeran. Fue muy juzgada en la iglesia. Intervinieron con ella en un estilo de tanta condenación que lo que hizo fue alejarse del Señor en la etapa en la que necesitaba estar más cerca de Él para ser restaurada con su amor y su gracia. Cuando nuestras experiencias con las personas que supuestamente representan a Cristo en la Tierra son negativas, podemos interpretar que Dios también es así como ellos. Nada más lejos de la verdad. Dios no es como los hombres.

Comenzó a salir con varones y a tratar de llenar sus vacíos teniendo relaciones sexuales con ellos. Lo único que anhelaba era sentirse amada. Muchas jóvenes ofrecen sexo tratando de buscar amor, pero esto las conduce a ser menos valoradas, más juzgadas y a sentirse peor con ellas mismas. Pueden experimentar sentimientos de rechazo, abandono y condenación, lo que típicamente las llevan a continuar en la rueda de tomar decisiones que

Dios no es como los hombres.

las destruyen aún más. En el caso de esta mujer, su crisis la llevó a experimentar la promiscuidad, el alcohol, las drogas y a casarse muy joven tratando de escapar. Su realidad hoy es algo totalmente diferente, porque pudo liberarse de los dolores emocionales que la ataban.

La adolescencia marca la transición hasta convertirnos en adultas. Es considerado el periodo más tormentoso de nuestro ciclo vital. Hay una búsqueda de la identidad y se contesta la pregunta: ¿quién soy yo? Todas las fortalezas que no hayamos desarrollado en las etapas anteriores van a ser puntos de choque en esta etapa. Aun en las mejores circunstancias, la adolescencia es una época de crisis, cuestionamientos, caos y reorganización. Es el momento en el que queremos establecer nuestras propias ideas y tratamos de encontrar esa identidad personal. Si alguna etapa es importante para el desarrollo de nuestra autoestima es la de la adolescencia.

Aun en las mejores circunstancias, la adolescencia es una época de crisis, cuestionamientos, caos y reorganización.

El sentido de valor que se genera en esta etapa es lo que se ha integrado como resultado de lo vivido en la niñez. Es un tiempo bastante solitario y de mucha introspección. La necesidad de tener una identidad propia y, a la misma vez, de pertenecer a un grupo donde fuéramos aceptadas pudo causar grandes tensiones. Este es un momento de definirnos fuera de la familia; ser diferentes de nuestros padres y tratar de separarnos de ellos como entes individuales.

En la niñez, la repuesta de nuestro valor como persona viene predominantemente de la madre, del padre o de otros cuidadores. En la adolescencia, la respuesta viene de nuestros pares o amigos. Se trata de un periodo de transformación y de crisis profunda en la que la familia deja de ser el núcleo principal de influencia. Los amigos vienen a ser ahora ese apoyo más importante que podemos tener. El dilema entre la necesidad de separarnos de nuestros padres y no saber cómo conectar con los pares es la base de la sensación de rareza y aislamiento durante esta etapa. En la adolescencia se establece cómo vamos a interactuar en las relaciones interpersonales profundas. Esto tiene que ver con cuán seguras nos sentimos con nosotras mismas, lo cual tendrá un impacto en nuestras relaciones de adultas. Es en esta etapa donde puede manifestarse la rebeldía. Es interesante notar que el nivel de rebeldía externa que se manifiesta es la rebeldía que se siente en el interior y con una misma.

Analicemos cómo puedes lidiar con esto:

1. *¿Cuáles son las señales de que hubo fallas durante la adolescencia?*
   - Preocupación desmedida por la apariencia, los amigos y la aceptación.
   - Mirar a los otros para definirte a ti misma.
   - Vulnerabilidad a la presión de grupo.
   - Tener problemas para comenzar y completar metas.
   - Dificultad para comprometerse.
2. *¿Qué puedes hacer en el presente para superarlo?*
   - Cuidarte de relacionarte con personas que te hagan daño.
   - Conectarte saludablemente con tu familia de origen.

- Desarrollar responsabilidad sobre tus propias necesidades, sentimientos y comportamientos.
- Reforzarte en tus valores.
3. *¿Qué afirmaciones puedes repetirte a ti misma para completar el proceso de sanar tu adolescencia?*
- «Sé quién soy en Dios.»
- «Mi vida tiene un propósito especial y de trascendencia».
- «Está bien que decida quién debe estar en mi vida y quién no».
- «Soy responsable de mi forma de pensar, hablar y comportarme».
- «Aprendo a responsabilizarme de lo que me acontece de ahora en adelante».

La adultez

La etapa de la adultez supone el reciclaje de las etapas anteriores. Es una etapa de desarrollo y realización en las distintas áreas del ser: espiritual, laboral y social. Se debe madurar, crecer en el amor y en la inteligencia emocional. En esta etapa se desarrolla la creatividad y la autenticidad, se acepta la responsabilidad de ser una misma, y se aprende a relacionar en forma más efectiva con los demás. Es el punto donde se supone se aprende a encontrar el equilibrio entre la independencia, dependencia e interdependencia, en cuanto a nuestras relaciones con los demás.

La adultez lleva a encontrarnos con todas las etapas pasadas, siendo una gran oportunidad ese camino de vuelta por nuestra historia para sanar todo aquello que se haya quedado bloqueado. Es el encuentro máximo con nosotras mismas. Es el periodo ideal y óptimo para volver a nuestros orígenes e ir liberándonos de las heridas del pasado con conciencia y buena voluntad; sobre todo, el perdón a mamá o papá, de ser necesario. Esto es así debido a que en la adultez contamos con más herramientas, más recursos y disponemos de una mayor capacidad para entender las cosas que nos suceden.

La adultez puede pedirnos a gritos que conozcamos nuestro valor, vivamos en nuestro propósito y que nos amemos. Si no aprovechamos esta etapa para sanarnos lo que suele suceder es que nos quedamos atrapadas en los viejos patrones. Esto puede manifestarse en tener relaciones codependientes, exponernos a maltrato, abusar de nuestros cuerpos, caer en adicciones, abusar de las personas que amamos, entre otras conductas autodestructivas.

La sanidad interior requiere que nos confrontemos a nosotras mismas y demanda tener periodos de soledad para ese trabajo intrapersonal. Sin embargo, el hecho de estar solas con ellas mismas asusta a algunas mujeres. Cuando estamos solas, nos quedamos con nosotras mismas y nuestras necesidades, emociones, alegrías, temores, angustias, dolores, victorias, tristezas y todo tipo de sensaciones. Cuando esas sensaciones son más desagradables que agradables y predomina una autoestima pobre, se puede caer en la trampa de creer que nuestra solución es encontrar a alguien allá afuera que nos quiera, llene nuestros vacíos y satisfaga todas

> **La adultez puede pedirnos a gritos que conozcamos nuestro valor, vivamos en nuestro propósito y que nos amemos.**

nuestras necesidades. De ser así, terminamos frustradas porque quien único puede hacer eso es Dios, a través de Jesucristo. Solo con su amor y su gracia se llena y se sana esa sensación interna.

Ya lo dijo el apóstol Pablo:

…que conozcan ese amor que sobrepasa nuestro conocimiento, para que sean llenos de la plenitud de Dios.

EFESIOS 3:19

Es importante que en la adultez aceptemos la realidad de que otro ser humano no podrá llenar todos los espacios vacíos o todas nuestras deudas de amor. Por más que una persona nos ame, no tiene la capacidad de satisfacer todo lo que emocionalmente necesitamos si tenemos unas carencias no resueltas. Todos los días veo en mi oficina esposos que aman verdaderamente a sus esposas y hacen sacrificios para demostrarles su amor. Sin embargo, para algunas esposas nunca es suficiente. Por otro lado, y en otro extremo, hay mujeres que tienden a conformarse con muy poco, y hasta se les hace difícil tener esa asertividad de solicitar amor saludable y manifestar su necesidad de apoyo.

> **Otro ser humano no podrá llenar todos los espacios vacíos o todas nuestras deudas de amor.**

Ese es el caso de una mujer que sufrió durante la enfermedad de cáncer terminal de su padre. Su vida en ese tiempo se concentró en trabajar, cuidar a su hijo y ayudar a su mamá en el cuidado de su padre enfermo.

Ella asumió que su esposo la comprendería, pero no fue así. Hubo momentos en que, aunque era empático, también lo notaba frustrado. Le dolía no tener un esposo comprometido con ella, ni financieramente ni emocionalmente. Nunca le reclamó porque le daba miedo su reacción. Fue una comunicadora pasiva, más bien asumía que su esposo identificara por sí mismo las necesidades que ella tenía.

Es muy importante que desarrollemos la habilidad de expresar nuestros sentimientos, deseos y necesidades con amor y respeto. Nunca debemos quedarnos calladas. Mientras más nos amamos a nosotras mismas, más asertivas somos en la comunicación. Esta fue una lección que aprendió esta mujer con el tiempo, pero, en ese entonces, se mantuvo callada. Lloraba todos los días porque se sentía sola, a pesar de estar casada, y estaba completamente agotada. Cuando su padre falleció, le resultó muy fuerte su pérdida. A los siete meses de su padre haber muerto, también murió su madre. Si el dolor de la muerte de su padre fue fuerte para ella, el de su madre no tenía explicación ni sentido en ese momento.

Dos meses antes de la muerte de su mamá, se atrevió a confrontar a su esposo, ya que aparentemente había estado hablando de forma inapropiada con una joven. No era la primera vez que esto pasaba; supo sobre sus relaciones con otras mujeres anteriormente. En este caso, la desconexión con ella era mayor aún. Él llegaba del trabajo más tarde de lo usual. Ella sugirió buscar juntos la ayuda profesional, pero él se negó a hacerlo. Ella, muy valientemente, buscó la ayuda psicológica que necesitaba debido a la gravedad de lo que estaba viviendo.

Teniendo una sospecha contundente de infidelidad, le preguntó a su esposo si la amaba, a lo que él contestó: «Yo te quiero, pero no te amo». En ese momento, la poca esperanza que tenía se desvaneció. Su esposo no mostró ningún interés en salvar el matrimonio. El trabajo de restaurar un matrimonio no se puede lograr con una sola de las partes. Tiene que ser un trabajo en equipo. Ella se sintió hecha pedazos, herida y menospreciada. La falta de compromiso, amor y lealtad por parte de su esposo los llevó al divorcio.

El trabajo de restaurar un matrimonio no se puede lograr con una sola de las partes. Tiene que ser un trabajo en equipo.

Esta mujer tuvo que trabajar fuertemente con su identidad, y comenzar a verse como Dios la ve. Con el tiempo, lo logró. De las ruinas se levantó una mujer totalmente diferente. Dejó de sentir lástima por ella misma y tuvo las fuerzas para continuar. Dios la dotó de seguridad para ser determinante en sus decisiones. Tal y como esta mujer lo pudo lograr, tú también lo puedes hacer.

Si la percepción que tienes de ti misma ha estado condicionada por las experiencias negativas que has tenido a lo largo de las diferentes etapas de la vida que por lo que Dios ha establecido sobre ti, tu verdadera identidad se pudo haber distorsionado. Si queremos sentirnos bien con nosotras mismas, ser felices, estar en paz y tener la vida plena que Jesús pagó para cada una de nosotras es inminente sanarnos. Esto significa hacer una reconstrucción del pasado, perdonar a quienes nos han herido, perdonarnos a nosotras mismas y dejar ir el dolor que pueda afectarnos en el presente. También debemos agradecer cada una de las vivencias que hemos tenido; aquellas que manejamos según lo que sabíamos y podíamos de acuerdo a la información y los recursos que disponíamos en esos momentos de nuestra vida. Es muy liberador cuando agradecemos al Señor todo lo que hemos experimentado. Esas experiencias han aportado a nuestro crecimiento y desarrollo como personas.

Si queremos sentirnos bien con nosotras mismas, ser felices, estar en paz y tener la vida plena que Jesús pagó para cada una de nosotras es inminente sanarnos.

La identidad que Dios nos ha dado

Tú no eres lo que las experiencias y las personas te han hecho creer o sentir sobre quién eres tú. Tu identidad te la dio Dios. Él es tu Creador y Diseñador. Solamente quien te diseñó ha determinado verdaderamente quién eres tú. Es muy importante que esto lo entiendas y lo creas porque, de lo contrario, tu vida podría parecerte sin trascendencia y carente de significado. La identidad explica quiénes somos y nuestra función aquí. Le da sentido a lo que se espera de nosotras y define nuestro propósito.

Dios nos ha dado identidad, por lo tanto, debemos ser muy responsables en creerla, cuidarla, afirmarla, vivirla y sostenerla. La Biblia es la referencia más precisa en donde Dios revela cuál es nuestra verdadera identidad. ¿Qué Dios ha dicho sobre quién eres tú? Eres hija de Dios, heredera, embajadora de Cristo, amada, creación perfecta, escogida, bendecida con toda bendición, sellada para gloria, vencedora en Cristo, la niña de los ojos de Dios, parte de un linaje escogido, libre en Cristo y perdonada. Mi oración es que, a medida que sigas leyendo este libro, recibas la sanidad emocional y la liberación espiritual que estás esperando. Este sendero de conocer tu valor y vivir con propósito necesariamente no es fácil; pero proseguir hacia esa meta es definitivamente menos complicado que permanecer con ataduras, encadenada y encarcelada. El conocimiento de tu verdadera identidad y de tu posición correcta en Dios conduce a la liberación de los sentimientos de derrota, inseguridad, desesperanza, desánimo y desaliento. Serás elevada a nuevos niveles de libertad y te convertirás en una persona segura y madura. Creo con todas mis fuerzas que lo lograrás.

> Solamente quien te diseñó ha determinado verdaderamente quién eres tú.

ORACIÓN

Padre celestial. Tú eres la fuente máxima de sanidad, libertad, gozo, paz y restauración. Hoy escojo disfrutar de las grandezas de tu amor, independientemente del hecho de que a lo largo de mi vida me haya encontrado con personas que, por sus propias historias, no han podido amarme de la manera en que lo he necesitado. En el camino tuve personas que se suponía que me protegieran, me cuidaran y me dieran seguridad; pero no lo pudieron hacer. Qué bueno que a través de ti puedo llenar por completo toda necesidad afectiva y emocional. Ayúdame siempre a entender que tú eres el único que lo puede hacer por completo y de una manera perfecta.

Cada una de las experiencias vividas se transforma en bendición a través de tu amor, Señor. Ese amor se convierte en una llama que enciende la esperanza en mi corazón de que sin importar lo que he vivido o lo que viviré, tu abrazo me fortalece.

Gracias Dios por sanarme y porque todo lo que he vivido es usado para levantar victoriosamente a otros.

En el poderoso nombre de Jesús.

Amén

EJERCICIOS PARA CONTESTAR, REFLEXIONAR Y APLICAR

1. Escribe una carta a tu niña interna usando esta guía.

Quiero que sepas que vales mucho para mí porque:

_____

_____

_____

_____

_____

_____

_____

Te admiro porque:

_____

_____

_____

_____

_____

_____

Tengo que aprender de ti a:

_____

_____

_____

_____

_____

_____

Ahora eres libre de:

_____

_____

_____

_____

_____

_____

_____

_____

2. Si a lo largo de tu vida has recibido una serie de mensajes negativos, te acompaño a que los transformes.

   a. Si te dijeron: *No puedes.* ¿Qué te dices ahora?

   _____

   _____

   _____

   _____

   _____

   _____

   b. Si te dijeron: *No llegarás a ninguna parte.* ¿Qué te dices ahora?

   _____

   _____

   _____

   _____

   _____

c. Si te dijeron: *Nadie va a amarte.* ¿Qué te dices ahora?

_____

_____

_____

_____

_____

d. Si te dijeron: *Estás destinada al fracaso.* ¿Qué te dices ahora?

_____

_____

_____

_____

_____

3. Identifica aquellas palabras que te hicieron falta que te dijeran a lo largo de tu vida y que nunca te las dijeron. Escríbelas como si te las dijeras a ti misma.

Por ejemplo, si nunca te dijeron que te aman, pues entonces vas a escribir: *Yo te amo.*

a.

b.

c.

d.

e.

f.

g.

h.

4. Reflexiona sobre lo que quieres para ti misma en estos momentos de tu vida, tus objetivos y metas, y escríbelos:

_____

_____

_____

_____

_____

_____

_____

_____

Verdad es una palabra compuesta
de «ver» y «dar».
La verdad es que puedas ver
lo que Dios te ha dado.

DR. ELIHÚ SANTOS

CAPÍTULO 3

¡Créelo!

ERES HERMOSA

Tú creaste mis entrañas;
me formaste en el vientre de mi madre.
¡Te alabo porque soy una creación admirable!
¡Tus obras son maravillosas, y esto lo sé muy bien!
SALMOS 139:13-14

No deja de sorprenderme que cuando ofrezco talleres de autoestima a mujeres, al indicarles que hagan un ejercicio escrito en el que identifiquen diez cualidades internas positivas, aunque algunas muestran cierta dificultad para realizarla, la mayoría logran completarla. Sin embargo, cuando les solicito que hagan un listado de diez características que les gustan de su físico, la mayoría no completa el ejercicio. Se les hace mucho menos complicado y les resulta más cómodo conectarse con lo que les gusta de su interior que lo que les puede agradar de su exterior.

El juicio estético que nuestra sociedad le da a la apariencia física tiene enormes impactos en el sentido de bienestar, plenitud, autosatisfacción y felicidad de las mujeres. Tal y como lo demuestran muchas investigaciones, las opiniones, cuales quieran que sean, se ven afectadas por cuán atractiva se sientan las personas a través de los ojos de quienes las observan. Dicho de otra manera, los juicios hacia las personas que son consideradas «hermosas» por relatividad son menos crueles y más benignos. ¿Cuál es el criterio universal de belleza? Pues debes saber que esto no existe. El patrón ideal de lo que es considerado «hermoso» se aprende a través de las experiencias que se tienen en las distintas etapas de la vida, y es relativo en cada cultura.

¿De dónde viene la información?

La manera en cómo te sientes con tu rostro y con tu cuerpo es resultado de dos fuentes principales de información: el ambiente social y los medios de comunicación. Si el núcleo familiar considera la belleza física como un valor importante y entiende que esto es un fundamento en la identidad de los individuos, cuando la niña no reúne las características esperadas para ser considerada hermosa, entonces no será aceptada y experimentará rechazo y dolor emocional.

Los niños ven, oyen y sienten mucho más de lo que los adultos creen. Escuchan y perciben las críticas de los que están a su alrededor como, por ejemplo: «qué nariz tan grande tiene»; «esa nariz le ocupa la mitad de la cara»; «tiene el pelo malo»; «ese pelo no hay quien lo cepille»;

«es linda, pero está muy gordita»; «si no fuera tan flaca, se vería mejor»; «ser tan flaca la hace ver enferma»; «es muy cachetona»; «es demasiado alta»; «es que salió muy bajita»; «algún defecto tenía que tener»; «sacó lo peor del padre»; «tiene la frente muy grande»; «tiene los labios demasiado gruesos»; «esa no tiene nalgas»'; «tiene las nalgas muy grandes»; «heredó lo feo de la madre»; entre otras. Así, algunas mujeres comienzan a experimentar un alto grado de inconformidad con ellas mismas y se ven como la versión femenina del patito feo. O, por otro lado, aunque no se consideran feas, siempre hay áreas con las que no se sienten bien.

Si hay algo que constantemente surge en las terapias con mujeres que vienen a trabajar su autoestima es la memoria de burlas en su infancia o adolescencia. Hay unas etapas en la que otros niños y jóvenes pueden ser cruelmente sinceros y comienzan a generarse los complejos. Los apodos y sobrenombres suelen ser un golpe mortal a la autoestima, más doloroso que un golpe físico. La burla deja sus huellas. A medida que vamos creciendo y pasando por las distintas etapas de desarrollo, aprendemos lo que en nuestra sociedad es considerado «lindo» o «feo».

Los apodos y sobrenombres suelen ser un golpe mortal a la autoestima, más doloroso que un golpe físico.

Llega el momento en que las voces externas no son necesarias, sino que la voz interna es más que suficiente. Basta con mirarse en el espejo para que se manifieste la desaprobación.

Hay niñas que tienen una presión fuerte, sobre todo, de parte de las madres para que sean competitivas.

Como, por ejemplo: «Tú tienes que sobresalir»; «tienes que ser la favorita de la maestra»; «no te voy a aceptar malas notas»; «donde quiera que vayas, tienes que ser la mejor»; «nadie puede ser mejor que tú»; entre otras. Estas niñas cuando llegan a la adultez pueden convertirse en los peores verdugos de ellas mismas y de los demás.

En la preadolescencia y adolescencia, suele hacerse una revisión detallada y crítica de cómo nos vemos físicamente y eso lo arrastramos hasta la vida adulta. Lo triste es que, en la mayoría de los casos, no se hace con amor ni respeto ni cuidado. Solemos ser altamente feroces con nosotras mismas. ¿Con cuáles aspectos? Podrían ser con nuestro color de piel, la forma de nuestro cabello, los dientes, los ojos, las piernas, los dedos, la boca, el cuello, las orejas, las nalgas, y más. ¡Ya no se necesitan los jueces externos! Hemos aprendido a criticar nuestra apariencia con la referencia absurda de la «perfección».

Desintoxicación de la opinión de los demás

Me quedo anonadada con la habilidad de algunas mujeres para detectarse sus «defectos». No estoy criticando el cuidado o el arreglo personal. De hecho, personalmente me fascina usar cremas, maquillaje, hacerme manicura y pedicura. Me encanta la ropa, los accesorios y amo los zapatos. Lo que me inquieta es cuando manifiestan una preocupación excesiva por ser y verse «bellas e intactas» siempre y a toda hora. ¡Cuánto disfruto los días en que salgo a la calle en ropa de ejercicios y sin maquillaje! Ha sido un proceso de desintoxicación, sobre todo, de lo que puedan opinar los demás.

Por favor, no te obsesiones con mirarte las espinillas, los barritos, las arrugas, la celulitis, lo que sientes caído o recriminándote con un látigo emocional cada libra de peso en exceso. En algunos casos, el látigo también es físico, cuando se hacen dietas extremas, toman laxantes, al extremo de ser personas bulímicas y anoréxicas. Algunas se someten a cirugías y tratamientos en las que ponen en riesgo sus vidas y gastan grandes cantidades de dinero por encima de su presupuesto financiero. Tu afirmación personal, de ninguna manera, debe girar alrededor de la belleza física. Cuando se cae en este paradigma es un indicador de una pobre vida interior.

Tu afirmación personal, de ninguna manera, debe girar alrededor de la belleza física.

Cuando en una familia se establece la belleza como un aspecto fundamental para la autoimagen, no solo crean en la niña la necesidad de ser hermosa, sino que les inculcan estándares e ideales inalcanzables de belleza física. Como terapista profesional, me he encontrado una incalculable cantidad de mujeres que siendo de una belleza que nuestra cultura, en su relatividad, considera «normal» e incluso más hermosas de lo que se estima como «normal», se reprochan de forma irracional que son «feas», que están «muy gordas» o «muy flacas», que son «muy altas» o «muy pequeñas» o que se ven «viejas». El asunto es que no llegan al ideal que otras personas significativas a su alrededor esperaban de ellas, incluyendo los mensajes de las personas del sexo opuesto.

El éxito o el fracaso interpretado en las relaciones de pareja es otro elemento que define la autoimagen y el autoconcepto. Muchas pacientes vienen a terapia porque su pareja le fue infiel y se han quedado con la sensación de que «otra es más hermosa o mejor que yo». Sin embargo, debo puntualizar que, triste y lamentablemente, las experiencias de las críticas más fuertes a las mujeres no vienen de los hombres, sino de otras mujeres. Las mujeres pueden ser las peores enemigas de la autoestima de otra mujer.

Uno de los factores que nos pudiera ayudar a entender la razón de por qué esto es así es la competencia que existe entre las mujeres. Esto podría deberse a la tendencia demográfica de una cantidad mayor de mujeres que hombres en la mayoría de los países, que a su vez puede conllevar al origen de los conflictos y las comparaciones entre las mujeres. Es como un «quítate tú para ponerme yo» como dice la canción.

He observado que algunas mujeres tienen mucha ansiedad cuando van a estar en actividades o eventos públicos donde asistirán otras mujeres. Les preocupa su manera de vestir, el maquillaje, el arreglo de sus uñas, los zapatos, entre otras cosas. La opinión que otras mujeres puedan tener de ellas es extremadamente importante. Están en búsqueda de una aprobación y aceptación constante.

Los mensajes de los medios de comunicación y las redes sociales son otro factor que tiene una gran influencia en cómo las mujeres se ven a sí mismas. La presión es muy fuerte. Esto puede ser un absurdo porque, en la mayoría de los casos, lo que los medios presentan como perfección no son mujeres reales, sino el producto de un trabajo hecho a computadora.

Las mujeres que presentan un modelo de idealización para otras suelen ser artistas o celebridades que su vida gira en torno a «verse bien». Ese es su trabajo y en eso invierten todo lo que tienen. Esas modelos están la mayor parte de su tiempo haciendo ejercicios, con entrenadores personales, expertos en imagen, nutricionistas, expertos en proyección y modistas. Por consiguiente, están muy distante a la vida real de la mujer promedio. ¿Cuán cerca está esto de *tu vida real*? De la mía se aleja bastante.

Tengo la disciplina de hacer una caminata diaria al despertarme de relajación y reflexión, que a la vez es mi tiempo devocional. Siempre trato de hacerla al aire libre. Promuevo que saquemos tiempo para hacer ejercicios. Luego de eso comienza el maratón de la mañana, no porque haga uno de cinco kilómetros, sino por el maratón que se hace entre el cuarto, el baño y la cocina en la rutina matutina con mi esposo y mi hijo. Dejo una tanda de ropa lavando, llevo mi niño a la escuela, etc. Para cuando llego al colegio del niño, pareciera que estuve en un conflicto bélico. Literalmente, así tengo el cabello y la cara.

Me maquillo en mi auto, de camino a mi oficina. De hecho, he notado que eso irrita a algunos hombres que me pasan por el lado. A los que saludo con una sonrisa de oreja a oreja, aún sin usar pintalabios, y a veces, con un ojo maquillado y el otro aún sin maquillar. Hasta me pregunto por qué todavía nadie se ha inventado una plancha de pelo que se pueda conectar en el auto. Paso gran parte del día trabajando, aunque ya para el mediodía siento que pasaron tres días.

Amo y siento mucha pasión por mi trabajo y creo que eso me ayuda a mantener el ánimo hasta terminar en la tarde la jornada. Después, llego a la casa a ponerme al día con mi familia y con cosas del hogar que puedan estar pendientes. Así es mi día promedio. No, no tengo una vida parecida a la de las celebridades que nos quieren imponer como modelos. He aprendido que lo más importante es ser feliz. Una felicidad genuina, sin máscaras.

Tu criterio de belleza

Tú puedes decidir tu propio criterio de lo que es ser hermosa y sentirte muy satisfecha con quién eres y con todo lo que tienes. Esto puede ser complejo porque no es lo que socialmente nos han enseñado, pero vale el esfuerzo lograrlo. De la misma manera en que vestirte bien no significa que seguirás estrictamente lo que está de moda, para que te sientas feliz contigo misma y gustarte por completo, no tienes que seguir los criterios que tratan de vendernos los medios de comunicación. No tienes que ser súper estilizada, de ojos azules, blanca, rubia, sin arrugas, libre de celulitis, sin nada caído, como las propagandas del cine, la televisión y la internet. No hay fundamentos teóricos o científicos para sentirte estéticamente agradable. Lo que sí siempre debemos procurar es estar saludables y contentas con nosotras mismas.

Espero que, mientras lees e internalizas cada tema de este libro, puedas afirmar y sostener: «Me gusto porque me gusto». En cuestión de apreciación, no hay que entrar en muchos razonamientos ni cuestionamientos lógicos. Puede ser que a ti te ha sucedido lo mismo que a mí, que has escuchado a amigas decir que conocieron a una

> **Tú puedes decidir tu propio criterio de lo que es ser hermosa y sentirte muy satisfecha con quién eres y con todo lo que tienes.**

persona que no les agradaba, y no pueden explicar exactamente qué les gusta de esa persona. Por otro lado, algunas manifiestan que les gustan personas que son todo lo contrario a sus exigencias estéticas. No solo en cuanto al amor, sino al hecho de sentirse atraídas a quienes no cumplen con sus conceptos de belleza. Sin embargo, cuando se trata de nosotras mismas, le ponemos mucha presión y cabeza al asunto. Podemos sentirnos atraídas a un hombre que no sintamos que sea totalmente atractivo, pero si se trata de nuestra imagen somos muy duras, impecables y hasta crueles.

Te invito a que nunca más te compares con los ideales publicitarios y con criterios ajenos a ti misma, tu cultura, tus raíces, tu genética y tu dignidad como ser humano. Si por alguna razón se te hace difícil aceptarte físicamente sin chistar, por lo menos procura ser justa contigo misma y utiliza criterios racionales. Por ejemplo, hay mujeres que padecen algunos tipos de trastornos genéticos, síndromes o enfermedades que le generan la manifestación de ciertas características físicas.

Procura ser justa contigo misma y utiliza criterios racionales.

En mi adolescencia, los médicos me diagnosticaron un síndrome asociado a un desorden hormonal. Esta condición es conocida como el Stain Leventhal Syndrome. Las mujeres que padecen este síndrome acumulan folículos ováricos de formación incompleta, sus ciclos menstruales son irregulares, les da acné, les salen vellos en el rostro, tienen problemas de fertilidad y producen obesidad. Ya en la adultez, me descubrieron endometriosis, que es la presencia de tejido endometrial fuera del útero que provoca dolores menstruales agudos, sangrado excesivo, hinchazón y sobrepeso. Más recientemente sobreviví al cáncer de tiroides, por lo que tuvieron que extraer esta glándula de mi cuerpo. La tiroides controla el metabolismo, así que las personas que no la tienen desarrollan hipotiroidismo y dificultad en el cuerpo para quemar las calorías que consume.

Estas enfermedades no me las busqué, como tú tampoco te las buscaste si fuera el caso. Son genéticas y hereditarias. Las tres condiciones que me han sido diagnosticadas médicamente tienen como criterio la obesidad. Existen enfermedades y tratamientos médicos que abonan al sobrepeso. Ha sido un reto, prácticamente de toda mi vida, mantenerme en un peso saludable. Y para lograrlo, me conlleva un esfuerzo triple al de una persona promedio. Estoy consciente de que lograr la mayor salud posible dentro de estas circunstancias es mi responsabilidad. Si te identificas conmigo, no permitas que nadie te diga que esto es mental. Son condiciones reales, que a la vez nos desafían para mantenernos buscando y ejecutando las alternativas que nos conducen a la salud, la agilidad y el bienestar.

Si me conoces, sabes que soy una mujer de baja estatura. De hecho, hace poco me midieron y medí dos pulgadas menos de lo que yo siempre creía que medía. Esto me dio muchísima gracia. La realidad es que las personas bajitas tenemos mucha dificultad en alcanzar las estanterías. No nos podemos ver en casi ningún espejo público, tenemos que estar escalando para alcanzar objetos en las tiendas y en los gabinetes de la cocina, entre otros malabarismos. Confieso que a lo largo de la vida he descubierto algunos beneficios de ser una mujer de baja estatura como el que la gente sienta que es fácil abrazarme o suelen tratarme usualmente con un sentido de ternura y protección. He podido pasar desapercibida en más de una ocasión que lo he necesitado y tengo todas las razones del mundo para seguir comprando tacones. ¡Qué gran ventaja! Un dato que una vez me contaron, que me pareció muy interesante y curioso, es que las mujeres de baja estatura producimos más feromonas y esto hace que los hombres se sientan más atraídos hacia nosotras.

Te escribo todo esto para concluir lo importante que es que te gustes a ti misma, ames tu cuerpo y tu rostro. Esto es posible si nos liberamos de los cánones y criterios que nada tienen que ver con nosotras. A veces, las limitaciones son producto de la percepción. Lo que para una persona puede ser casi intolerable, para otra persona puede ser atractivo. Lo más importante es la actitud y la manera de verte a ti misma. No hay nada más impresionante que la persona que se siente segura con la forma singular en la que Dios la creó. ¿Sabías que Dios te diseñó de la forma en que eres físicamente para el cumplimiento de sus propósitos?

> No hay nada más impresionante que la persona que se siente segura con la forma singular en la que Dios la creó.

Lo ideal es que destaques y admires lo más que te gusta de ti. Cuando te miras al espejo, ¿qué ves hermoso? ¿Qué es lo más que te gusta, aun cuando eso no coincida con la opinión popular? Vale el esfuerzo arriesgarte a revisar tus conceptos estéticos. Puedes reconstruirlos y restaurarlos. ¡Admírate, ámate y valórate! Desafía esos ideales perfeccionistas que producen profundas frustraciones psicológicas. La idea sobre la perfección solo te llevará a focalizar aquello que no te gusta y esto te hará olvidar tus encantos.

Me encanta destacar las áreas que me gustan de mí, mostrarlas con decoro y disfrutarlas. Amo mis piernas, por lo que casi siempre uso faldas o trajes. De mi rostro, me fascinan mis ojos y mis pestañas por lo que disfruto mucho el maquillaje en esa área para resaltarlos aún más. También encuentro muy lindo mi cabello, especialmente porque tiene un valor sentimental cuando se supone que no sea tan abundante por el desorden hormonal y el cáncer de tiroides. Sin embargo, tengo mucha cabellera por la que celebro peinar y cuidar.

¡Admírate, ámate y valórate!

Dale más valor a lo que tienes que a lo que puedas creer que te falta. Siéntete plena y feliz con los atributos que tienes. Nunca pienses que has «agotado» todos tus encantos. Explora y sorpréndete una y otra vez de las cosas interesantes y maravillosas que puedes descubrir de ti misma.

Te desafío a que, sin importar donde te encuentres ahora mismo, digas en voz alta:

«Yo soy hermosa». Por favor, dilo otra vez, con un poco más de entusiasmo y en voz más estruendosa:

«¡YO SOY HERMOSA!»

Así es. Yo también pienso que lo eres. ¡Celébrate!

ORACIÓN

Padre santo y Padre bueno. ¡Cuán grande es tu poder! Con amor creaste mi cuerpo. Es un regalo estimado. Gracias, porque lo soplaste pensando en que es útil para amar, servir y bendecir. Tiene un perfecto funcionamiento que me sorprende. Lo hiciste con ternura y delicadeza. Ayúdame a cuidarlo saludablemente y nunca perder de perspectiva que es el templo del Espíritu Santo. Rompo las cadenas de la autocrítica. Comienzo a verme a mí misma como tú me ves. Todos los días recordaré el regalo tan especial que me otorgaste al darme este maravilloso cuerpo y esta poderosa mente.

En el dulce Nombre de Jesús.

Amén

EJERCICIOS PARA CONTESTAR, REFLEXIONAR Y APLICAR

1. Identifica tres pensamientos negativos que puedas tener sobre tu apariencia física.

   Pensamiento 1: _____

   Pensamiento 2: _____

   Pensamiento 3: _____

2. Haz una lista de diez características que te gustan de tu cuerpo.
   a.
   b.
   c.
   d.
   e.
   f.
   g.
   h.
   i.
   j.

3. Busca un espejo, preferiblemente grande, para que puedas observar tu cuerpo entero. Dedícate unos minutos. Obsérvate sin ninguna distracción y disfruta de ese momento. Enfócate en lo que ves. Mira con objetividad cada detalle de tu cuerpo sin expresar ningún tipo de juicio. Mírate a ti misma, tal como eres, sin hacerte críticas.

4. Reflexiona en todo lo que tu cuerpo hace por ti. Solemos darlo por sentado, pero no debería ser así. ¿No te gustan tus piernas? Piensa en todo lo que te han dado, como moverte a donde tú quieras. Escribe tres partes de tu cuerpo que no te gustaban y dale las gracias por su funcionamiento. La gratitud hacia tu cuerpo es un paso clave para aprender a amarlo. ¡Hasta las arrugas son el resultado de una vida llena de emociones por las que debes estar agradecida!

a. Partedelcuerpo:_____
   Gracias por: _____

b. Partedelcuerpo:_____
   Gracias por: _____

c. Partedelcuerpo:_____
   Gracias por: _____

La aprobación de Dios es lo único que usted necesita.

JOYCE MEYER

CAPÍTULO 4

¡Relájate!

NO ERES PERFECTA Y NUNCA LO SERÁS

Pero tenemos este tesoro en vasos de barro, para que la excelencia del poder sea de Dios, y no de nosotros.

2 CORINTIOS 4:7

El hecho de que no somos perfectas es una noticia maravillosa, y una mejor aún, es que nunca lo seremos. La perfección es una meta estresante y drenante, porque no es real. Es imposible que, en este plano, llamado vida terrenal, alcancemos la perfección. Relájate y disfruta el hecho de que jamás seremos esposas, madres, trabajadoras, empresarias, amas de casa o ministros perfectas. No existe la forma en que llevemos a cabo todos nuestros roles a cabalidad y sin cometer fallas. Cuando se internaliza esta realidad humana, podemos vivir de una manera más armoniosa y feliz. Esto no quiere decir que es muy loable el querer ser cada vez mejores seres humanos y superarnos en cada una de las áreas de la vida, pero otra cosa muy distinta es el exigirnos la perfección.

Una esposa siempre sumisa con las respuestas correctas; una madre con la casa totalmente organizada; una ama de casa sin ropa sucia para lavar; un esposo ejemplar que siempre tenga todas las palabras y acciones correctas; unos hijos libres de problemas; un cuerpo perfecto; ser una hija, hermana, tía y amiga siempre presente; y un trabajo o ministerio de excelencia en el que nunca tengamos retrasos o faltas; nada de eso existe. Las falsas expectativas acerca de nuestra vida, que es real e imperfecta, nos traen desilusión y frustración si no somos conscientes de ellas. Nada malo pasa contigo o con tu familia si no hay perfección. ¡Bienvenida a la realidad! ¡Eres normal!

Desafortunadamente, podemos gastar mucha energía y tiempo persiguiendo el espejismo de la perfección y nos podemos perder el disfrute pleno de aquellas cosas que tienen mayor valor e importancia. Espero que, mientras lees detenidamente, no te pierdas de hacer las mejores cosas de la vida como reírse de tonterías o a carcajadas ante la espontaneidad, bailar bajo la lluvia, reflexionar sobre las lecciones que te han enseñado las experiencias más complejas, disfrutar la libertad que otorga la gracia, darte el derecho a descansar y, de vez en cuando, perder la compostura. Deja de tratar de encontrar lo «perfecto» y abrázate a lo «auténtico». ¡Es tan maravilloso ser naturales!

> Deja de tratar de encontrar lo «perfecto» y abrázate a lo «auténtico».

Nada de esposas perfectas

En nuestra sociedad, especialmente en nuestra cultura hispana, hay una tendencia a determinar el valor de una mujer por si es casada, acompañada de la exigencia de que tenga hijos. Son muchas las mujeres que batallan con el pensamiento de que, debido a que no están casadas o no tienen hijos, son menos valiosas que otras que ejercen esos roles en la vida. Por eso, lo importante es que estés centrada en tu valor de quién eres en Dios, y eso es suficiente.

Como las demandas de nuestra sociedad suelen ser inagotables, si somos esposas y madres, hay una exigencia de perfección. El problema mayor lo tenemos cuando esas voces externas se convierten en una demanda interna.

Amo a mi esposo y siento que todos los días él hace cosas concretas para demostrarme que me ama muchísimo. Pero somos personas imperfectas que cometemos errores. A pesar de que nos amamos profundamente y que conocemos al otro mejor que nadie, no siempre tenemos las palabras correctas, ni las decimos en el tono adecuado. Me parece que estamos conscientes de las vulnerabilidades del otro.

Mi esposo y yo somos polos opuestos en el temperamento. Él es flemático. Esto lo hace una persona pacífica, estable, se toma su tiempo para tomar decisiones, es obsesivamente organizado, serio, analítico, de pocas palabras, reservado y equilibrado. Yo soy de temperamento sanguíneo. Las personas sanguíneas somos alegres, bien habladoras, entusiastas, sociales, de gran sensibilidad, desorganizadas, extrovertidas, damos mucho amor y confiamos en todo el mundo. Ha sido toda una aventura que mi esposo y yo armonicemos nuestros temperamentos. Al principio de la relación esas diferencias eran fascinantes. De hecho, la ventaja que hemos tenido es que nos hemos complementado muy bien, porque lo que uno no tiene se lo provee el otro. Pero les confieso que, en ocasiones, hemos tenido que aplicar todas las dimensiones del fruto del Espíritu que están en la Biblia. Esto sin profundizar en las diferencias que ya traemos, él como hombre y yo como mujer. Con el tiempo esas diferencias también se han convertido en desafíos. Es que el matrimonio requiere arduo trabajo. Han sido muchos los matrimonios que en terapia conmigo han escuchado estas palabras, con amor y respeto, salir de mi boca: «El matrimonio no es para niños, es para adultos».

«El matrimonio no es para niños, es para adultos».

Los conflictos son parte de la vida, por lo tanto, se reflejarán en el matrimonio también. Cuando suceden son normales y forman parte de lo que se espera dentro de las relaciones interpersonales. Lo importante es hacerles frente y derivar las grandes lecciones que los conflictos suelen proporcionar.

Mujer, no podemos esperar que nuestros esposos siempre actúen como esperamos en todos los aspectos y que nuestros matrimonios estén libres eternamente de conflictos. Si son utilizados adecuadamente, pueden ser una fuente extraordinaria de crecimiento, madurez y fortalecimiento.

Nuestro valor como mujeres no puede estar fundamentado en idealismos. Los matrimonios de carne y hueso no son como los que se ven en las telenovelas, ni en las series ni en las películas. Puede haber ciertos elementos en los que nos vemos proyectadas, pero definitivamente también pueden generar expectativas que no son realistas. El concepto «expectativas» sobre todo se manifiesta en cuanto a lo que se espera o se les exige a los esposos. He visto mujeres exigirles a sus esposos cosas que verdaderamente ellos no pueden dar. No necesariamente nos referimos a rebajar las expectativas al punto de no esperar nada a cambio, esto sería injusto para nosotras; pero sí debemos transformar las expectativas a unas más realistas. Cuando modificamos nuestras esperanzas y deseos al ámbito de la realidad, nos evitaremos menos desilusiones y frustraciones con los demás y hasta con nosotras mismas.

Puede ser que hayas caído en la trampa de exigirte a ti misma ser una «esposa perfecta». Por favor, en este momento lanza tu cuerpo hacia atrás, da un gran suspiro y repite: «No es posible que mi matrimonio sea perfecto, ni que yo como esposa sea perfecta ni tampoco mi esposo nunca será perfecto». Te aseguro que al internalizar esto, muchas cosas que te frustraban y hasta te daban ira, comenzarán a resultarte graciosas. Te recuerdo que lo que nunca debe negociarse es el maltrato, pero al bajar las expectativas, aquello que te sacaba por el techo, ahora te va a sacar carcajadas.

Te invito a que aceptes a tu esposo, hermosamente imperfecto. ¡Dale gracias infinitas al Señor por él ahora mismo! Conéctate con sus fortalezas y virtudes. Te recomiendo que todos los días, conscientemente y de alguna forma, le digas a tu esposo algo que admiras de él. ¿Sabías que las conductas que se refuerzan tienen una tendencia a repetirse? De ninguna manera permitas que las expectativas poco realistas y la infección de la perfección venden tus ojos sobre tu bendición.

Mucho menos madres perfectas

Nuestro valor como mujeres tampoco debe estar fundamentado en la maternidad, y mucho menos en la idea absurda de ser «una madre perfecta». De hecho, me rio bastante mientras escribo esto, porque soy una mujer que trata de abrazar la imperfección y de ser auténtica en mi rol de madre. Tengo entre ceja y ceja el principio de que los niños no necesitan una madre perfecta sino una madre feliz.

De ninguna manera permitas que las expectativas poco realistas y la infección de la perfección venden tus ojos sobre tu bendición.

No te voy a negar que, en alguna ocasión, me he encontrado haciendo ciertas cosas locas; y aunque tengo el conocimiento teórico para no hacerlo, como quiera, me sucede. Más de una vez he tenido que pedirle perdón a mi hijo por tener alguna reacción distinta a la que dice el libro de psicología. En la vida real cuando las madres nos quitamos las máscaras, somos sinceras y revelamos nuestras imperfecciones, descubriremos que no estamos solas. ¡En este instante puedes lanzar otro suspiro de alivio!

Las expectativas están fuera de lugar cuando, como madres, esperamos no fallar en absolutamente nada y esperamos también de nuestros hijos la perfección. Esto no sería una manera saludable de vivir, ya que genera ansiedad en nosotras y en nuestros hijos. Tenemos que cerciorarnos de que nuestras expectativas sean realistas de acuerdo a la etapa de desarrollo en la que se encuentran, la edad, el historial, las condiciones o los diagnósticos. Debemos esperar que, en algún momento, nos darán quejas de nuestros hijos, fallarán y cometerán errores, porque no son perfectos y nunca lo serán. Esto no quiere decir que no haremos todos los esfuerzos para que ellos sean los mejores seres humanos posibles, pero fallarán como nosotras hemos tenido nuestras propias fallas.

Es importante también que evitemos a toda costa las comparaciones. Es fácil comparar, pero es altamente perjudicial. Cuando comparamos a nuestros hijos con otros, con un hermano, con el padre, con nosotras mismas, o con «el hijo perfecto» que puede habitar en nuestra cabeza y en nuestra imaginación, estamos rechazando sus cualidades particulares que lo hacen especial. Impedimos su desarrollo como una persona única creada por Dios para propósitos extraordinarios. De hecho, recuerda que tu hijo no necesariamente se convertirá en lo que tú quieras, sino que será lo que el Señor permita para que su Nombre sea glorificado.

> **Cuando comparamos a nuestros hijos con otros.**

Perfeccionismo en las tareas

Todas hemos tenido acceso a esos programas televisivos, películas y revistas que nos muestran una casa perfectamente ordenada y limpia que no se parece mucho a la nuestra en cualquier día de la semana. Reconozco que hay mujeres que tienen mayores habilidades para la organización que otras. Admiro mucho a mi hermana Dalia porque es muy eficiente en esta área.

> **Estamos rechazando sus cualidades particulares que lo hacen especial.**

Un recorrido por nuestra casa y las casas de nuestras amigas, incluyendo abrir cada gaveta, gabinete y closet, nos permitirá determinar lo que es «normal» en cada habitación. El objetivo es cambiar nuestras expectativas. Todas podemos enfrentar las mismas luchas. Te invito a que estés clara de cómo puede verse una casa cuando hay niños. La gente real no vive como la que aparece en revistas. Las fotografías de revistas se hacen luego de limpiar y ordenar, pero no dentro de la dinámica de un día real de una familia cualquiera.

Se considera un trastorno emocional el ser acumulador y tener todo en total desorden. Una meta saludable es tener suficiente orden para la mejor convivencia y poder encontrar las cosas. A mí me encanta tener mi casa ordenada y limpia. Me fascinan los olores agradables. Mi esposo es un gran colaborador para estos fines. Recuerden, él es flemático y ama obsesivamente el orden. Yo disfruto limpiar la casa y hacer cambios en la decoración. Como es un espacio no muy grande, generalmente, tengo la casa bastante recogida. ¡Por lo menos, lo que se ve a simple vista!

Sin embargo, hay dos áreas oscuras en mi vida que he sacado a la luz: mi closet y mi vehículo. He tratado de todo para mantener mi closet recogido. He comprado todo lo existente en el mercado para ordenarlo y le he hecho hasta represiones. Pero a los pocos días vuelvo a desordenarlo. De hecho, este comportamiento es parte de mi temperamento. No te digo esto a manera de justificación, sino porque todas debemos aceptar y amar todo lo que somos. Hay días que no encuentro los zapatos que quiero y se me pierde la ropa. En ocasiones, tengo la sensación de que la ropa sucia es una montaña interminable. He tenido que orar para recibir fortaleza para disponerme a doblarla y guardarla. ¿Te identificas conmigo?

Mi vehículo es uno de los lugares que más frecuento, porque tengo una agenda bien activa. Hay días que casi vivo en el carro. El desorden en el carro es algo bastante natural para mí. Amo esos sábados en la mañana en que mi esposo me dice: «Te voy a recoger y limpiar el carro». Eso me hace más feliz que si me trajera un ramo de flores y mis chocolates favoritos. El desorden antes me generaba estrés y vergüenza. Creo que ya he decidido hacer las paces con esta realidad en mi vida. No existen casas ni carros que estén siempre en perfecto orden. Ordenado o no, será un santuario de amor.

He visto con mis propios ojos, en los viajes misioneros, que hay madres que no tienen closet ni carros, tampoco casas ni camas. Si tú tienes eso, créeme, tienes mucho más de lo que una gran cantidad de mujeres tienen en este mundo. ¡No te afanes! No es el tamaño de una casa, ni el estilo de la decoración, ni lo costoso de los muebles lo que es verdaderamente importante.

¿Qué es lo que importa? El amor que se manifiesta dentro de esa casa. La paz que se busca fomentar dentro de esas cuatro paredes. Lo que sucede en el interior de la casa es lo que vale. Como está la casa no es lo que le da

> Como está la casa no es lo que le da calidad de vida a la familia. Es la felicidad de la familia lo que le da bendición a esa casa.

calidad de vida a la familia. Es la felicidad de la familia lo que le da bendición a esa casa. Por supuesto, te animo a que trates de tener tu casa lo más linda y ordenada que puedas dentro de tus posibilidades. Pero lo más importante es enfocarte en demostrar afecto y dedicarle tiempo a los que viven en la casa, incluyéndote a ti misma.

El afán por las tareas de la casa, del trabajo o de la iglesia puede robarte un tiempo que nunca más regresará: el tiempo con tu familia y el tiempo contigo misma. ¡Sí! Tú mereces disfrutar calidad de tiempo contigo misma. Una de las demostraciones de amor propio más grandes que nos podemos hacer es entender que la persona de mayor importancia que Dios puso a nuestro cargo somos nosotras mismas. Resulta que estamos viviendo en un momento social en el que las cosas marchan a un ritmo bien acelerado, podemos acostarnos tarde a dormir, levantarnos temprano, comer rápido, hacemos poco ejercicio, descuidamos nuestra salud, y así continúa la rutina.

Es común olvidar cuán importante es pasar tiempo con nosotras mismas. Para esto es indispensable que te liberes de la ansiedad y dediques un espacio solo para ti. Esto puede requerir el educar a las personas que están cerca de nosotras sobre lo vital de hacer este tipo de ejercicio. ¡Date gustos y disfruta de pasatiempos! Si tú estás bien, hay mayores posibilidades de que lo que nos rodea y quienes nos rodean también estén bien. Esos espacios te recargarán de fuerzas y de ánimo. Inclúyete en tu agenda y haz citas con la persona que siempre ha estado contigo y que siempre estará: tú.

El perfeccionismo por necesidad de aprobación

He notado que cuando una persona tiene tendencias a exigirse demasiado, al punto del perfeccionismo, es porque tiene temor a lo que los demás piensan de ella. Les confieso que, por un tiempo, estuve lidiando con ese temor también porque lo aprendí en mi hogar de origen. La opinión de los demás era muy fundamental. Estoy segura que mi madre no nos estuvo enseñando esto con la intención de afectarnos, sino porque a ella también le enseñaron que eso es importante.

> Si tú estás bien, hay mayores posibilidades de que lo que nos rodea y quienes nos rodean también estén bien.

Cuando estamos seguras de quiénes somos, no necesitamos la aprobación de otros. Tristemente, la mayoría de la gente basa su valor teniendo como referencia las experiencias que han tenido con otras personas. Estas experiencias pueden desarrollar creencias inadecuadas, entre las cuales podemos identificar las siguientes:

- Mi valor como persona se define en virtud de si le agrado o le caigo bien a los demás.
- Si alguien me rechaza pienso que es mi culpa y que es por algo que yo no estoy haciendo bien.

- Necesito la aprobación de los demás para sentirme feliz y valiosa.
- Mi realización personal responde a las opiniones favorables que otros puedan tener de mí.
- Si no soy aceptada por una persona, me siento mal.
- Cuando otros me critican, me siento triste y decepcionada conmigo misma.
- Debo ser querida por todo el mundo para sentirme importante.
- Cuando fallo en algo, entiendo que soy un total fracaso.
- Las personas que alcanzan grandes logros son las que valen en esta vida.
- Si la gente me conociera bien, yo no les agradaría.
- Creo que debería ser perfecta.
- A menudo, me siento culpable si alguien está molesto conmigo.
- Siento que debo complacer a todo el mundo.
- Me veo inferior ante las personas que considero más inteligentes que yo.
- Si estoy frente a una persona que identifico como atractiva me siento incómoda.

¿Qué hacer para combatirlo?

1. Reconoce tu herencia en Cristo

El antídoto por excelencia para fortalecer la auto-estima y vencer la adicción a la aprobación es conocer quiénes somos en Cristo y poner diariamente en acción ese conocimiento. Según 2 Corintios 5:21, hemos sido hechas justicia de Dios en Cristo. La frase «en Cristo» es la que debemos comprender para caminar la vida de victoria y paz que Jesucristo mismo pagó por nosotras en la Cruz del Calvario.

Lo que somos «en Cristo» puede ser muy distinto a lo que somos en nosotras mismas. En el plano natural nuestra identidad podría estar condicionada a la referencia que tenemos por las experiencias que hemos tenido a lo largo de la vida. Pero «en Cristo» revela que somos copartícipes de todo lo que Él mereció y ganó.

> Y, si somos hijos, somos herederos; herederos de Dios y coherederos con Cristo, pues, si ahora sufrimos con él, también tendremos parte con él en su gloria.
>
> ROMANOS 8:17

2. Comprende que hay cosas que solo Dios puede dar

Cuando una persona es adicta al alcohol u otras drogas pude sentir dolor emocional, y hasta físico, si no consigue la sustancia a la que es adicta. No obstante, si tiene un flujo regular de ella en su sistema, no experimenta dolor. Así de terribles son las adicciones.

Si somos adictos a la aprobación de la gente, siempre experimentaremos dolor cuando esa aprobación nos sea retirada. Esto es predecible y puede ocurrir en cualquier momento, porque no le agradaremos a todas las personas. Por más que lo intentemos, siempre habrá gente que no se sentirá feliz con nosotros. Sin embargo, si miramos a Dios para obtener la aprobación, nunca experimentaremos el dolor de la retirada. Tenemos un flujo constante y regular del amor y la aceptación de Él. No esperes de las personas lo que solo Dios puede darte.

A pesar de todo, SEÑOR, tú eres nuestro Padre; nosotros somos el barro, y tú el alfarero. Todos somos obra de tu mano.

ISAÍAS 64:8

3. Confía como los niños

La Biblia dice que debemos ser como niños para heredar el reino de Dios (Mateo 18:3). Me encantan los niños por su sencillez y simpleza. Normalmente ellos creen todo lo que los adultos les dicen. Creen en quienes han confiado. No intentan comprenderlo, ni explicarlo todo. Ellos simplemente creen.

No esperes de las personas lo que solo Dios puede darte.

Si seguimos el ejemplo de los niños, podemos tener total seguridad en Dios. Confianza plena en Él. Sabemos que tenemos total seguridad en su cuidado, amor, protección y gracia sobre nosotros. El apóstol Pablo tenía este tipo de confianza en Cristo. Dejó muy claro que no le importaba en lo más mínimo lo que la gente pensara de él, porque creía en el Señor y en lo que Él pensaba. Imitemos este tipo de confianza absoluta y dependencia total en Dios. En esto hay reposo verdadero para nuestras almas.

Así que podemos decir con toda confianza: «El Señor es quien me ayuda; no temeré. ¿Qué me puede hacer un simple mortal?».

HEBREOS 13:6

4. *Conéctate con la fuente de la seguridad personal*

Cuando tenemos total confianza en quiénes somos en Cristo, seremos personas seguras. La seguridad personal es importante para todos los ámbitos de nuestra vida. La gente se siente segura cuando está en confianza con otras personas. Respondemos con seguridad en la medida en que nos sentimos cómodos y aceptados.

Sin embargo, en el plano de lo que es ideal, nuestra autoconfianza no debe estar basada en los demás, sino en la convicción de nuestra identidad en Cristo. No busques la fuerza en las palabras y la aprobación de otros, sino en lo que Dios cree, espera y ha dicho sobre quién tú eres. Las personas buscan en otras cosas un sentido de bienestar y salvación emocional. Vístete del traje diseñado por Dios para ti; el que ha sido creado a través de los ojos de su amor.

> **Nuestra autoconfianza no debe estar basada en los demás, sino en la convicción de nuestra identidad en Cristo.**

—Nadie puede recibir nada a menos que Dios se lo conceda —les respondió Juan—.

JUAN 3:27

5. *Ten cuidado con lo que te hablas a ti misma*

Una de las maneras en que aprendemos a hablar correctamente es teniendo cuidado de lo que hablamos de nosotras mismas. A través de tu vida has escuchado diferentes mensajes sobre ti misma que podrían algunos ser distorsionados en cuanto a lo que es tu verdadera identidad. Puede ser que cuando eras niña te dijeron: «No vales», «no sirves», «no llegarás a ninguna parte», «no puedes», «no lo mereces», «no lo lograrás». Estas distorsiones las escuchaste de forma tan firme, contundente o repetida, que las llegaste a creer como si fueran la verdad sobre ti. Hoy te recuerdo: SON UNA MENTIRA. No te repitas a ti misma esas falsedades. El hecho de que alguien se haya equivocado contigo en tu desarrollo, no quiere decir que tú tengas que seguir afirmando algo sobre tu identidad que es falso. Las palabras tienen una gran importancia. Háblate con un vocabulario de victoria y reafírmate en lo que Dios dice de ti en su Palabra.

> En la lengua hay poder de vida y muerte; quienes la aman comerán de su fruto.
>
> PROVERBIOS 18:21

6. Identifica que eres única

El hecho de que seas cristiana no significa que todo el tiempo vayas a realizar todo bien. Cometemos errores. Pero, debido a que has sido hecha justa delante de Dios, puedes dejar de compararte y competir con los demás. Nuestra aceptación no se encuentra en ser como otra persona, sino en ser quiénes somos mediante la fe en Cristo. Es una pérdida de tiempo y de esfuerzo tratar de ser como otros son.

Te invito a que seas lo mejor que puedas ser. Pero no busques a otra persona para compararte. Nunca seremos iguales a otros, ni en lo espiritual ni en ningún otro sentido. Somos únicas e irrepetibles, capaces de dejar una huella

Háblate con un vocabulario de victoria y reafírmate en lo que Dios dice de ti en su Palabra.

en el mundo que nadie más dejará. Disfruta plenamente tu autenticidad.

Pero te he dejado con vida precisamente para mostrarte mi poder, y para que mi nombre sea proclamado por toda la tierra.

Éxodo 9:16

7. No trates de controlarlo todo

Un sábado en la mañana desayunaba agradablemente con mi gran amiga Sonia. Es una mujer a la que admiro mucho por su gran sensibilidad. Tuvimos una de esas conversaciones en las que las amigas abren el alma. Me confesó que, por un tiempo, tuvo problemas con el control. La conversación fue muy interesante y me amplió aún más lo que había aprendido sobre este tema a través de un escrito. Ella entendió que la intención de querer controlarlo todo era un factor que detenía su crecimiento, que le consumía energías, le producía tristezas y la estancaba espiritualmente. Tuvo que trabajar con la idea de que, si ella no estaba en control, las cosas no iban a salir como ella quería o esperaba, y que el resultado sería negativo.

Agradezco a Sonia su humildad y que me permitiera compartir esta confesión con todas ustedes. Aprendió a establecer fronteras y a poner los límites para controlarse a ella misma, y no estar tan pendiente de controlar a los demás o lo que está a su alrededor. Reconoce que no fue un camino fácil. En ocasiones, «se mordía la lengua» para no opinar, evitar tomar las riendas o intervenir en las decisiones de otros.

Salir de la culpa que provoca el querer controlarlo todo la ayudó a mirar los panoramas de la vida de forma más amplia. Un día se sentó e hizo una lista de las diferentes áreas que ella pretendía controlar para sentir seguridad. Ella reconoce que olvidaba que solo necesitaba someter su voluntad y tener confianza plena en el Señor Jesús. Pierde el control para que le entregues todo el control a Dios. Hacer esto es verdaderamente maravilloso.

El que habita al abrigo del Altísimo se acoge a la sombra del Todopoderoso. Yo le digo al SEÑOR: «Tú eres mi refugio, mi fortaleza, el Dios en quien confío».

SALMOS 91:1-2

Hasta que no nos aceptamos y aprobamos a nosotras mismas, ninguna cantidad de aprobación y aceptación por parte de los demás nos mantendrá permanentemente seguras. Trabajamos para obtener un cumplido y nos sentimos bien por un tiempo, y entonces descubrimos que necesitamos más. La verdadera libertad nunca llegará hasta que comprendamos plenamente que no necesitamos luchar para obtener de los demás lo que Dios nos ha dado libremente: amor, aceptación, aprobación, seguridad, dignidad y valor.

Una mujer que actualmente estudia consejería fue muy exitosa en su carrera profesional anterior. Recibía grandes reconocimientos y era admirada por las demás personas. Lo tuvo todo a nivel económico, pero en su interior se sentía sola y vacía. Siempre se proyectó como una mujer segura de ella misma, feliz y en control de todo. Su realidad interna era algo totalmente diferente. Con el pasar de los años descubrió que era un mecanismo de defensa para que no descubrieran cómo verdaderamente se sentía.

Llega un momento en que debemos decidir que no vamos a permitir que la opinión de otras personas nos defina. ¿Has visto cuantas veces te has preocupado más lo que otros opinan de ti que el criterio que tienes de ti misma? Incluso, te puede importar más la opinión de otras personas que la que el mismo Dios tiene sobre ti. El problema mayor de esto es que, como ya hemos planteado, las personas casi nunca quedan complacidas.

> **Debemos decidir que no vamos a permitir que la opinión de otras personas nos defina.**

Puedes estar atrapada en algunos tipos de razonamientos dañinos que se convierten en distorsiones en el pensamiento del autoconcepto. Te invito a evaluar si has caído en alguna de estas trampas:

1. **Comportamiento ficticio:** Es una conducta exterior postiza. Por impresionar, agradar o ser aprobadas por otros, tratamos de ser lo que en realidad no somos.

2. **Pleitesía:** Nuestro afán de recibir aprobación de los demás puede hacer que idolatremos a las personas. Su opinión puede llegar a ser tan importante que podemos convertirlos en ídolos, porque lo que ellos piensan puede llegar a ser más importante que la misma aprobación de Dios.

3. **Timidez:** La vergüenza puede ser la orden del día. Cuando nos afana lo que la gente piensa de

nosotras, nos hace vulnerables y nos bloquea para asumir riesgos, esforzarnos y lanzarnos a retos mayores en la vida, incluyendo el temor a exponernos públicamente.

4. **Máscaras:** Cuando tenemos temor a las reacciones y opiniones de los demás sobre nosotras podemos ocultar nuestro verdadero yo.

5. **Aislamiento:** Si tenemos miedo de lo que la gente va a pensar, preferimos encuevarnos. No queremos que la gente nos conozca mejor por la inseguridad y la ansiedad de ser rechazadas.

Lo más importante es que, aunque somos imperfectas, tenemos a un Dios perfecto que nos acepta y nos ama perfectamente. Él nos ve a través de los ojos de la gracia. Entre más y mejor entendamos su amor incondicional por nosotras, más podemos aprender a amarnos y amar a los demás saludablemente Te invito a silenciar el constante ruido de la preocupación, la culpa y las falsas expectativas, permitiéndote sintonizarte con la voz del Señor diciéndote: «Te amo tal y como eres». Vive en la realidad de que nunca seremos perfectas, pero en Dios tenemos una identidad perfecta.

> Aunque somos imperfectas, tenemos a un Dios perfecto que nos acepta y nos ama perfectamente.

ORACIÓN

Querido Dios y supremo Señor. Abro mi mente y todo mi ser para comprender que no debo exigirme tanto. La perfección solo te pertenece a ti y eso es un alivio para mí. Abro mi alma completamente para aceptarme tal y como soy. Por tu amor, creo que puedo llegar hasta reírme de mi misma y aceptar con buen humor mis imperfecciones. Todas ellas me convierten en el extraordinario ser humano que soy a través de ti. Lléname de aceptación y amor propios. Recuérdame todos los días de mi vida que no tengo que buscar la aprobación de los demás, porque ya he sido aprobada por tu gracia.

En el poderoso nombre de Jesús.

Amén

EJERCICIOS PARA CONTESTAR, REFLEXIONAR Y APLICAR

1. ¿Cuáles son las expectativas irreales que has tenido sobre ti y que te hacen exigirte demasiado?

a.

b.

c.

d.

e.

f.

g.

h.

i.

2. ¿Cuáles son las preocupaciones que tienes sobre lo que la gente piensa de ti?

a.

b.

c.

d.

e.

f.

g.

h.

i.

3. ¿Cuáles son las cualidades que más te gustan de ti misma, dentro de los roles que llevas a cabo? Por ejemplo: «Yo soy una esposa divertida»; «Yo soy una madre amorosa»; «Yo soy una empresaria apasionada».

«Yo soy _____».

«Yo soy _____».

«Yo soy _____».

«Yo soy _____».

«Yo soy _____».

4. ¿Qué cosas puedes hacer de ahora en adelante para exigirte menos y no caer en la tentación del perfeccionismo? ¿Cómo puedes disfrutar de la vida de una manera más espontánea y auténtica?

_____

_____

_____

_____

_____

_____

_____

A mitad del invierno,
finalmente aprendí que había
en mí un verano invencible.

ALBERT CAMUS

CAPÍTULO 5

¡Acéptate!

LO QUE SIENTES POR DENTRO
SE REFLEJA POR FUERA

El corazón alegre se refleja en el rostro,
el corazón dolido deprime el espíritu.
PROVERBIOS 15:13

La aceptación personal es uno de los pilares de la autoestima. Cuando me acepto a mí misma, estoy diciendo que me siento cómoda con todo lo que soy, tengo, proyecto y cómo me veo. Cuando lo logramos evitamos cuestionarnos, criticarnos y pelear con nosotras internamente.

Las mujeres que no se agradan a sí mismas y no logran la aceptación propia pueden mostrar miedo a la evaluación negativa y les genera ansiedad social. Incluso, algunas pueden padecer de fobia social. Este tipo de fobia es un trastorno de ansiedad basado en un miedo irracional ante situaciones sociales que involucran el escrutinio ajeno, ante las cuales la persona se comporta de manera tímida y ansiosa, y le dificultan o impiden la interacción con otras personas.

He notado en mis pacientes con fobia social que esto tiene una gran influencia en su vida cotidiana. Viven con un alto nivel de temores y frustraciones ante la idea de que es casi imposible que las personas puedan aceptarlas y verse atraídos por ellas. En cuanto a las relaciones con el sexo opuesto, no intentan la coquetería porque se consideran desagradables en este modo. Además, tienen un enorme temor de ser rechazadas. Casi nunca dan el primer paso.

Muchas mujeres me han contado en consejería que, si alguien se les acerca, los ahuyentan con sus inseguridades. A esto se le llama en la psicología «profecía autorrealizable», pues se disponen a fracasar y dejar de agradar, hasta que precisamente eso se vuelve realidad. Gustarse a sí misma abre horizontes de oportunidades personales y afectivas. ¡Arriésgate! El antídoto más importante para combatir la fobia social es desarrollar la seguridad personal. Esto implica que te ames, admires y gustes.

> Gustarse a sí misma abre horizontes de oportunidades personales y afectivas.

Te invito a que analices lo siguiente:

¿Cuáles son las características de las mujeres que gustan de sí mismas?

- Reconocen y admiten sus debilidades.
- Saben decir que «no» y establecen límites con lo que les hace daño.

- Están abiertas al amor, porque están conscientes de que merecen una relación de pareja saludable.
- Luchan por entender sus emociones y se hacen cargo de ellas.
- Se expresan sin culpar a los demás.
- Apoyan e impulsan a otros en proyectos y sueños.
- Tienen su propio estilo de vestir y eso no está determinado por la opinión de los demás.
- Son auténticas.
- Aceptan las críticas de manera constructiva.
- Aprenden de las equivocaciones.
- No tienen la necesidad de tener siempre la razón.
- Disfrutan de la soledad porque es un tiempo con ellas mismas.
- Se niegan a dejarse atrapar por los momentos difíciles de la vida.

¿Alguna vez has tenido una amiga que te dijo que su esposo nunca la elogia? ¿Qué pensarías si te dice que su esposo muy pocas veces se fija en la ropa que lleva puesta? Creo que podría impactarte si esa amiga te cuenta que su esposo nunca se preocupa por su salud, ni lo que ella necesita emocionalmente, que casi nunca le dedica tiempo y muy pocas veces se queda contemplándola. Puedes hasta llegar a dudar de que la ame. Tienes todo el derecho a dudarlo, porque el amor se exterioriza hacia afuera con conductas. Es como una planta que, para que crezca y tenga vida, necesita agua y ser expuesta al sol. Si no expresamos el afecto con comportamientos contundentes, el amor se vuelve algo inconcluso, frágil y descolorido. De esta misma manera ocurre cuando no nos expresamos amor a nosotras mismas. El amor propio debe expresarse con actos tangibles y esto redunda en la autoaceptación.

Un asunto de proyección

Cuando escucho a mis pacientes, en ocasiones, entre lágrimas, decir lo que los demás piensan de ellas, con amor les ayudo a entender que lo que sienten sobre sí mismas, si se aceptan o no, es lo que los demás también comenzarán a ver. Si te sientes una persona poco interesante, fea, insignificante y poco atractiva, esa es la opinión que los demás podrán comenzar a generar de ti.

> Si no expresamos el afecto con comportamientos contundentes, el amor se vuelve algo inconcluso, frágil y descolorido.

En la medida en que te aceptes y te apruebes, eso será lo que proyectarás a otros y entonces los demás comenzarán a ver lo mejor de ti. Es así la historia de una paciente que cuando cambió radicalmente la forma en que se veía, entonces los demás también cambiaron la manera de verla. Le solicité que me escribiera su testimonio para bendecirte a ti.

Antes de leer lo que leerás a continuación, necesito decirte algo. Quiero que sepas que lo que yo veía antes no es lo que veo hoy en día en el espejo de mi cuarto, de mi baño y del ascensor de mi condominio todos los días. *El cambio que ha sufrido mi autoevaluación, autoimagen y autoestima, ha sido el más oneroso, emocionante, exitoso y completo que he experimentado. Es el cambio de perspectiva del que más disfruto hablar; ¡me apasiona desmedidamente!*

Tengo una historia y un testimonio con el cual es muy fácil relacionarse, y en el que, de alguna manera, te mirarás tan clara como en tu espejo. Porque es una batalla en la que ninguna mujer ha salido invicta; una lucha que muchas sufrimos y que solo unas pocas vencemos. Es la lucha, y el arte, de amarse a sí misma.

Hoy veo en cada espejo a una mujer hermosa, robusta, pero con las distintivas y lindas curvas de una latina. Veo una joven con un pelo largo, lacio y rubio muy sensual. Veo una futura y brillante abogada criminalista. Veo la empatía encarnada en mí, en mis palabras y en la forma de juzgar cualquier situación. Veo una botella rebosando de talentos y la misericordia de Dios por el hecho de que soy feliz. Por favor, recuerda eso cuando leas sobre la pequeña o adolescente yo, recuerda que esa ya no soy yo. Hoy soy otra; Cristo lo cambió absolutamente todo.

Primero, hablemos de cómo se rompieron los espejos en los que me miré durante toda mi niñez, adolescencia y juventud temprana. Como muchas, vengo de un hogar roto, donde se hizo lo mejor, pero lo mejor tardó en madurar y, sin querer, se rompieron pedazos de seguridad y paz en mi *espejo. Esto me hizo una niña predispuesta a la depresión y ansiedad. Comencé tratamientos psiquiátricos para trastornos de ansiedad y depresión a los seis años. En esa etapa ya había contemplado el suicidio. Esto me hizo una niña frágil, débil, insegura y miedosa.*

Eventualmente entré a la escuela donde, como casi todos los que carecen de carácter y confianza, sufrí burlas y acoso. Burlas inimaginablemente crueles. Apodos que mezclaban mi nombre, Fabiola, con «fat» de gorda en inglés. Sufrí la tristeza abrumadora y esa sensación de rechazo por no haber retenido un solo amigo de entre 30 pares con los que estudié desde mi primer año de escuela hasta el último. Creo que el recuerdo más humillante para mí fue haber sido la protagonista de un grupo en Facebook dedicado a burlarse de la «bajeza» que tuvo un chico atleta en mi escuela por haberse fijado en mí. Y eso era solo en las redes sociales; ni hablar de todo lo que hicieron al respecto dentro de la escuela.

Quisiera poder decir que lo único que pisoteó mi autoestima fueron esos años que hicieron de mi vida escolar una pesadilla. Pero no; la falta de protección y apoyo adecuado en mi familia frente a una experiencia de abuso sexual el día que cumplí mis 14 años, probablemente terminó de resquebrajar el poquito reflejo que le quedaba a mi espejo. Ese día murió la poca juventud que tuve. No haber sido apoyada por quienes debieron protegerme, quebrantó todo sentimiento de seguridad y amor.

Crecí sintiéndome desprotegida, indigna de amor y respeto. Las situaciones familiares y personales que se desencadenaron por esa situación me siguieron hasta la adultez. ¿Insuficiente, culpable, sucia, poca mujer, desagradable, insignificante? No sé cuál de estos adjetivos describe con exactitud a lo que me reduje. Aunque hice todo lo que se esperaba de mí, como sacar buenas notas, trabajar, ir a la universidad, había algo roto e incompleto dentro. ¡Le faltaban tantos pedazos a mi espejo! Como resultado, nunca pude disfrutar de una socialización normal. Las pocas amigas que tenía no duraban. Estar con gente desconocida podía hacerme llorar de la ansiedad.

En mis cuatro años mientras estudiaba un bachillerato, no conocí nunca a nadie. Durante mi juventud y adultez, me fijé solo en personas inadecuadas. Me conformé siempre con alguien que me diera algo de amor, por más poco que fuera. Las personas con las cuales me conformaba solo atrasaban mi vida, mi fe y mis metas. Eran personas que necesitaban disciplina, sanidad o alguna figura de autoridad, y no una novia. Y así, me permití estar en relaciones codependientes, donde me convertía en la salvadora de todos, pero nunca de mí misma.

Mi aspecto físico, mi forma de interactuar, cómo hablaba y el lenguaje corporal reflejaban acertadamente mi inseguridad y la falta de amor propio. Todo lo que había dentro de mí, para quien supiese leerlo, se presentaba como un menú en mi cara y en mi cuerpo. Me sentía igual de gorda y fea ya fuese un tamaño cinco de pantalón o un tamaño dieciséis.

He vivido toda la vida en Puerto Rico rodeada de playas, pero hace solo cuatro años comencé a disfrutarlas. Aprendí a ponerme un traje de baño. Comencé a usar pantalones cortos hace solo dos años. Desde que comencé a desarrollar el cuerpo de una mujer esbelta, recuerdo que evitaba todos los espejos de mi casa, prohibiéndome mirarme en ellos para no irrumpir en llanto.

Yo sabía que, en algún momento, iba a tener que permitirle a Dios reconstruir el espejo roto de mi corazón. Yo sabía que Él me haría amarme algún día. Y así comenzó a hacerlo hace cuatro años, cuando conocí a la Dra. Lis Milland en el 2012 a mis 21 años. Un tiempo después de haber comenzado mi terapia con ella, sucedió algo que hoy puedo decir que marcó el comienzo de mi sanación.

Yo solía liderar el coro de niños de mi iglesia, y recuerdo que, en un ensayo, el hermano de una de mis estudiantes fue a recogerla. Se presentó, se la entregué y se despidieron. Eso fue todo. Al otro día, la mamá de esa chica me dijo que su hijastro le había preguntado si yo tenía novio y que era hermosa. Yo acababa de conocer a quien es actualmente mi esposo, y lo único que salió de mi boca fue: «¿En serio? ¿Te dijo eso? No te creo». Esa mamá me llamó unos días después. Ella quería saber por qué yo había puesto en duda lo que su hijastro le había dicho de mí. Y la verdad es que no supe qué decirle. Dios la usó, en ese momento, para decirme que mi falta de amor y los espejos rotos en donde me miraba iban a comenzar a sanar ya. Estaba tan harta de vivir escuchando de lejos la voz del Espíritu Santo diciéndome que me amara, que era valiosa y que merecía lo mejor. Así que decidí no posponer mi felicidad un solo segundo más, y abrí mi corazón al proceso.

Durante muchos años, desde que me conozco, abusaron y abusé de mi autoestima una y otra vez. Sin embargo, en tan poco tiempo, el amor de Dios ha cambiado drásticamente todo en mi vida. Mi espejo ha ido recuperando sus pedazos. La Dra. Milland me dijo algo trascendental, que literalmente cambió mi autoestima y mi vida para siempre. En una de las terapias, ella trajo a colación el versículo que dice que la fe viene por el oír (Romanos 10:17). Inspirada en ese versículo me dio un ejercicio que, aun hoy, practico en ocasiones. Es el ejercicio de pararme frente al espejo y hablarme. La Dra. Milland me instruyó a que me dijera en voz alta lo mucho que me amo. Que dijera en voz alta lo valiosa y hermosa que soy, lo más que me gusta de mí, lo deseable que puedo ser. Junto a su consejo añadió: «Cuando comience esa palabra a hacer efecto y empieces a creértela, te darás cuenta, porque todos a tu alrededor te la dirán también. Vas a empezar a recibir cumplidos de gente extraña, te harán comentarios positivos y te ofrecerán halagos en donde menos los esperarías». ¡Y así fue!

Comencé a recibir esos halagos, que aun recibo de vez en cuando, de completos extraños.

Cumplidos sobre mi pelo, mi maquillaje, mi cara... El primero que recibí fue tan absurdo que tuve que detenerme y darle gloria a Dios y reconocer que las palabras de la Dra. Milland se estaban convirtiendo en realidad. Una tarde, mientras caminaba por la acera de una avenida, una chica detuvo su auto en medio del tráfico, bajó el cristal, y me gritó unas hermosas palabras.

En este precioso proceso de Dios fui liberada de todo trastorno de ansiedad y depresión. Logré perdonar, incluso perdonarme a mí misma. Silencié las voces equivocadas que me mantenían sentada en una banca soñando con algún día ser feliz. Ahora sé lo que valgo, y no solo en teoría, sino que ¡hoy lo practico!

Me amo, y por encima de mis fracasos o victorias, me veo en un espejo reconstruido. Entre las trizas de mi espejo había espacios en blanco. Cosas que no estaban rotas porque nunca estuvieron puestas. Descubrí que puedo sentirme hermosa. Descubrí que, como mujer, merezco lo mejor, por lo que mi último rescate fue para mí.

Suele girar como un círculo vicioso el hecho de que lo que sientes por dentro se refleja hacia afuera y genera una opinión en los demás. Si te autocompadeces y estás atada al rol de víctima, así mismo la gente te verá. Esto genera en los demás compasión o rechazo. Si te ves a ti misma como desagradable, te repudiarán. Lo mejor que puedes

> **Lo que sientes por dentro se refleja hacia afuera y genera una opinión en los demás.**

hacer para romper con este círculo negativo y dañino para ti es aceptarte a ti misma. Prueba y sal a la calle libre de complejos; te sorprenderás con los resultados ¡Es tan importante la actitud positiva hacia una misma! Creo que otras personas te dirán: «¡Qué bien te ves, desde que te amas tanto!».

A través de los ojos de Dios

En este punto, deseo hacerte una pregunta importante: Cuando te miras al espejo, ¿a través de qué ojos te ves? ¿Te miras por el filtro de la opinión pública o te ves a través de los ojos de Dios? A las personas es muy difícil o casi imposible complacerlas, pero Dios tiene complacencia de ti aun antes de que nacieras. ¡Él te acepta! Los ojos de Dios te miran con amor, compasión, deleite y plenitud. Sus ojos siempre mirarán tu corazón, por encima de todo lo demás. Podemos hacer las paces con nuestras emociones y nuestro físico si nos vemos a través de los ojos de Dios.

> Podemos hacer las paces con nuestras emociones y nuestro físico si nos vemos a través de los ojos de Dios.

Nuestras vidas le pertenecen a Dios y también nuestros cuerpos. La aceptación del cuerpo es importante para mantenerlo en salud. Él nos pide que cuidemos nuestro cuerpo y esto es un asunto de mayordomía. ¿Qué dice la Biblia sobre nuestros cuerpos?

¿Acaso no saben que su cuerpo es templo del Espíritu Santo, quien está en ustedes y al que han recibido de parte de Dios? Ustedes no son sus propios dueños; fueron comprados por un precio. Por tanto, honren con su cuerpo a Dios.

1 Corintios 6:19-20

¿No saben que ustedes son templo de Dios y que el Espíritu de Dios habita en ustedes? Si alguno destruye el templo de Dios, él mismo será destruido por Dios; porque el templo de Dios es sagrado, y ustedes son ese templo.

1 Corintios 3:16-17

…tomando en cuenta la misericordia de Dios, les ruego que cada uno de ustedes, en adoración espiritual, ofrezca su cuerpo como sacrificio vivo, santo y agradable a Dios.

Romanos 12:1

…ya sea que coman o beban o hagan cualquier otra cosa, háganlo todo para la gloria de Dios.

1 Corintios 10:31

El Señor ha establecido en su Palabra que nuestros cuerpos le pertenecen a Él. Nos pide que lo cuidemos y lo tratemos como la morada preciosa del Espíritu Santo. Cuando pensemos espiritualmente en nuestro físico, realmente debemos verlo como un regalo de Dios. Dentro de esta realidad bíblica, me entristece ver cómo las mujeres llegan a la bulimia, la anorexia, la adicción a la comida y al exceso de ejercicios. Estos son problemas que pueden convertirse en trastornos mentales muy graves. ¿Qué son estos trastornos y cómo afectan al cuerpo?

Bulimia

He aprendido al pasar de los años, como terapeuta, que la bulimia es un trastorno alimenticio y psicológico que se caracteriza por la adopción de conductas en las cuales la persona se aleja de las formas de alimentación saludables. La persona afectada por la bulimia consume comida en exceso en periodos de tiempo muy cortos, los que suelen llamarse «atracones». Suele alternarlos con episodios de ayuno o de muy poca ingesta de alimentos, pero al poco tiempo vuelven a surgir episodios de atracones compulsivos. Luego, viene un periodo de arrepentimiento, que le lleva a eliminar el exceso de alimento a través de vómitos, laxantes, diuréticos o enemas.

Cuando escucho a mis pacientes con este trastorno, puedo palpar muy claramente el temor a engordar y cómo esto afecta directamente sus sentimientos y emociones. Entre los principales se encuentran la culpabilidad, la tristeza, los sentimientos de vacío y la angustia. Incluso, puede llevar a la persona a depresiones severas.

Anorexia

Es un trastorno alimenticio caracterizado por la pérdida de peso severa. La persona también puede obsesionarse por aumentar la masa muscular. Puede llegar a perder entre un quince y un cincuenta por ciento de su peso normal provocado por un estado de inanición. La persona presenta un peso peligrosamente bajo y una imagen corporal distorsionada. Cuando mira su cuerpo siente que está gorda aun cuando su peso está por debajo de lo recomendado. Es más frecuente en las clases sociales media y medio-alta. La edad de inicio se sitúa en la adolescencia, siendo la población más afectada entre los 14 y los 18 años. Sin embargo, en los últimos años, he visto un incremento en mujeres adultas.

En el centro de consejería me he dado cuenta que las mujeres que padecen de anorexia, en otras áreas de su vida son altamente funcionales y exitosas. Tienen alta dificultad en darse cuenta que tienen este problema. Incluso, algunas llegan a considerar su conducta alimentaria como una normal y hasta sienten orgullo de la misma.

Adicción a la comida

Las adicciones son enfermedades que suelen caracterizarse por la búsqueda patológica de la recompensa o alivio a través del uso de una sustancia u otras conductas. Una hipótesis que explica la adicción a la comida es que los alimentos procesados con alta concentración de azúcar, carbohidratos refinados, la grasa, la sal, los refrescos y la cafeína son sustancias adictivas. Es por esta razón que muchas personas pierden el control de su capacidad para regular el consumo de estos alimentos. Ya se sabe que hay personas que comen emocionalmente en un intento de reducir la actividad del sistema en respuesta a la ansiedad o a la tristeza. Esto también provoca que la persona entre en un espiral de culpabilidad, frustración, coraje y vergüenza.

A partir de esta lectura, cuando la ansiedad por comer aparezca, no entres en esa tormenta emocional; más bien, velo como una oportunidad para observarte con curiosidad y descifrar los mensajes psicológicos que hay detrás de esos antojos.

Exceso de ejercicios

El ejercicio físico es una actividad que no puede faltar en la vida diaria. Sin embargo, puede convertirse en algo muy perjudicial cuando se realiza por encima de las posibilidades de cada persona. El exceso de ejercicio físico es perjudicial para la salud. Afecta negativamente tanto al cuerpo como a las emociones. Me he quedado perpleja escuchando a pacientes hablar de la cantidad exagerada de tiempo que dedican a los ejercicios y a la intensidad de los mismos. Como se promueve que hacer ejercicios es bueno, esto hace que a las personas se les haga difícil ser conscientes de cuán peligrosa es esta conducta y lo que puede acarrearle a lo largo de la vida. Todos los extremos son adversos. Tanto el sedentarismo como el exceso de ejercicio físico hacen que el cuerpo se enferme.

¿Alguna vez has pasado mucho trabajo y te has esforzado verdaderamente para prepararle a alguien un regalo? Admiro mucho a mi amiga Rosynell, quien tiene habilidades maravillosas con sus manos. ¡Crea bellezas! Y casi todo lo que utiliza para hacer sus manualidades son materiales reciclados. Me prepara regalitos extraordinarios para llevarlos a los viajes misioneros, y personalmente he recibido de ella regalos que valoro mucho. Uno que recuerdo con entusiasmo y gratitud fue una estola totalmente tejida. Cuando veo esa obra de arte, pienso que mi amiga me quiere mucho para dedicarle el tiempo y los cuidados a ese regalo.

Te acompaño a imaginar a Dios tejiendo tu alma y tu cuerpo. Puedes escuchar su voz cuando hace la última puntada diciéndote: «Mira la obra tan increíble que he diseñado, es una de las demostraciones más grandes de mi amor por ti». Cuando estudiamos las características del cuerpo humano y mientras más nos adentramos en las maravillas del alma, tenemos que concluir que son los regalos más prodigiosos que nos ha entregado el Creador. Es una obra de arte increíble y compleja. ¡Todo tu ser lo es!

Piensa en esto cada vez que te veas tentada a abusar de ti misma o a criticarte. Obsérvate en alma, cuerpo y espíritu ahora. Por favor, repite: «Señor, gracias porque soy un regalo muy especial».

ORACIÓN

Amado Señor. Irradio gratitud porque todos los días me demuestras lo importante que soy. No permitas que pierda de vista lo bendecida que soy en alma, cuerpo y espíritu. Ayúdame a aceptar lo que no puedo cambiar. Dame las herramientas y la fortaleza para modificar aquellas cosas que sí puedo y que, al hacerlo, me convertirían en una mejor persona.

El hecho de tener vida y experimentar el hermoso regalo de mi existencia es un inmenso honor. Cada nuevo día está lleno de posibilidades y oportunidades que puedo experimentar. Gracias Señor porque tú me das la capacidad de seguir disfrutando de esta aventura que llamamos vida.

En el Nombre poderoso de Jesús.

Amén.

EJERCICIOS PARA CONTESTAR, REFLEXIONAR Y APLICAR

1. ¿Qué características posees de una mujer que se gusta a sí misma?

_____

_____

_____

_____

_____

_____

2. Haz una lista de elogios que otras personas te han dicho a lo largo de tu vida:

   a.

   b.

   c.

   d.

   e.

3. ¿Cuáles son las críticas o palabras negativas que te hablas a ti misma y que vas a eliminar de ahora en adelante?

   a.

   b.

   c.

   d.

4. ¿Qué áreas de tus emociones o de tu físico rechazabas y las vas a comenzar a aceptar con gratitud?

_____

_____

_____

_____

_____

_____

Hay lugares en los que son un peligro sentarse, porque puedes olvidar fácilmente que Dios te dio una voluntad para pararte... ¡Anda, levántate de ahí ahora mismo!.

ROSITA MARTÍNEZ

CAPÍTULO 6

¡Libérate!

ROMPE LAS CADENAS DE LA DEPENDENCIA EMOCIONAL

En aquel día esa carga se te quitará de los hombros, y a causa de la gordura se romperá el yugo que llevas en el cuello.

ISAÍAS 10:27

as mujeres que están batallando contra la inseguridad y que su valor propio ha sido distorsionado pueden abrigar expectativas irreales sobre el amor y las relaciones. Estas expectativas suelen ser inconscientes. La mujer que aún no ha podido desarrollar una seguridad personal saludable tiende a crear situaciones en las cuales le resulta casi imposible no salir decepcionada y herida. Por esto, aunque en ocasiones hay un cambio de pareja, se mantienen en relaciones con un mismo tipo de hombre.

Tengo una paciente que tuvo una niñez sumamente difícil, por lo que la hizo crecer con muchas carencias emocionales y afectivas. Desde que tiene conciencia, no se siente amada. Estuvo expuesta a muchas situaciones fuertes, escenarios nocivos y cosas que no podía entender. Constantemente buscaba que la amaran. Cuando se enamoró, tanto los besos y los abrazos como el escuchar los «te amo», vinieron a llenar los vacíos que esta mujer excepcional tenía. Anhelaba que esta persona estuviera todo el tiempo con ella, pensaba en él durante todo el día y no le interesaba nada más en la vida. Luego del primer año de relación todo fue cambiando. Ella comenzó a ser esa persona que lo daba todo por amor, porque ese amor lo necesitaba a toda costa. Trataba de agradarlo tanto para recibir su afecto que, de pronto, se vio envuelta en una maraña en la que comenzó a ser utilizada y abusada.

Las cosas que había logrado alcanzar con mucho esfuerzo comenzaron a irse por un precipicio. Empezó a perder oportunidades laborales, a tener problemas financieros, se alejó de su familia, amigos, compañeros de trabajo y, peor aún, se alejó de sí misma. Se tornó en una relación altamente peligrosa por más de diez años. Hubo peleas, discusiones y hasta arrestos por parte de la policía. Pero ella sentía que no podía salir de la relación, porque esto implicaba a nivel emocional que perdería el «amor».

Gracias a Dios y a su tenacidad, buscó la ayuda profesional y espiritual para ser libre. Comprendió que el amor de nuestro Señor Jesucristo es el único que llena toda carencia afectiva y le dio la fortaleza para enfrentar la realidad de su vida, aunque esa verdad fue dolorosa. Fuimos al fondo de su situación, sobre todo para que comprendiera las razones que la mantenían en una relación tan destructiva. Aceptó y reconoció el por qué era tan fácil de influenciar por esa persona tan emocionalmente dañina. Amparada a esta verdad y superándola, ha visto cambios acelerados en su vida para su bien. Recientemente le dije: «Vamos a comparar la mujer que vino a esta oficina la primera vez con la mujer que eres hoy». Lágrimas de felicidad, gratitud y satisfacción corrieron por sus mejillas.

Sin importar qué tan saludables puedan ser algunas relaciones, aquellas en las que comenzamos a albergar expectativas poco razonables te causarán dolor e innumerables desilusiones. ¿Cómo es tu propio historial de relaciones? ¿Cómo han sido esas personas? ¿Has tenido expectativas poco realistas? ¿Tienes tendencia a poner presión sobre ti y sobre la otra parte en las relaciones de pareja? ¿Has sido dependiente emocionalmente?

¿Tienes tendencia a poner presión sobre ti y sobre la otra parte en las relaciones de pareja?

La dependencia emocional es más común en las mujeres de lo que debería ser. Podemos encontrar a fondo que la raíz de la dependencia emocional es una autoestima baja y un alto grado de inseguridad. Es un patrón psicológico en que, aun cuando la persona reconoce racionalmente que no debe estar cerca de quien le hace daño o no satisface sus necesidades, a nivel emocional no logra desprenderse.

Confieso que me resulta impactante escuchar los argumentos de las pacientes que, dentro de su lógica, traen profundos planteamientos de las razones por las cuales no deben estar dentro de relaciones tóxicas e injustas, pero están atadas de tal forma que no logran liberarse.

La raíz de la dependencia emocional es una autoestima baja y un alto grado de inseguridad.

Me superan en los psicoanálisis que se hacen a ellas mismas, sobre sus parejas y sobre la relación. Pero no se ven con las fortalezas para liberarse. Suele tomarles mucho tiempo alcanzarlo.

Si este es tu caso quiero que sepas que nunca es imposible. Es un grito de amor propio. Es un asunto de dignidad. Afirma este versículo y úsalo como una herramienta que te brinde poder y autoridad:

Todo lo puedo en Cristo que me fortalece.

FILIPENSES 4:13

¿Por qué no puedes desprenderte?

El temor a la separación y a enfrentar la soledad suelen ser los obstáculos predominantes para que una mujer traspase las barreras de la dependencia emocional. También, pueden presentarse otros obstáculos como: (1) la necesidad de que otros asuman la responsabilidad en las principales aéreas de su vida; (2) dificultad para expresar el desacuerdo debido al temor de la pérdida de apoyo; (3) dificultad para cuidar de sí misma; y (4) preocupación no realista por el miedo a ser abandonada.

Las mujeres con dependencia emocional suelen tener o iniciar relaciones poco sanas y tienen sentimientos excesivos y poco adaptativos de temor a que la relación termine en cualquier momento. Eso a pesar de que estuvieran en relaciones en las que terminaban siendo maltratadas; sobre todo, en el aspecto emocional que es el más difícil de detectar, pero uno de los más difíciles de superar. Suele llevar mucho tiempo sanarlo.

Si dependemos demasiado de una relación, el que explote es un asunto de tiempo y totalmente inevitable. Es natural que la presión lleve al estallido. Las ramificaciones de estas relaciones dependientes van desde la desilusión hasta el abuso. Curiosamente se ha descubierto que, en las relaciones tóxicas, tanto las víctimas como los victimarios sufren de situaciones emocionales profundas. Ambos suelen tener problemas de autoestima y tienen un falso sistema de confianza que alimenta un ciclo destructivo.

Casi siempre, en este tipo de relaciones alguien se desvive por el bienestar del otro, inclusive olvidándose de su propio bienestar. Si te concentras también en lo que mereces y en lo que te conviene, tomarás decisiones para tu paz. ¿Qué dice la Biblia al respecto?

...Dios nos ha llamado a vivir en paz.

1 Corintios 7:15

que se aparte del mal y haga el bien; que busque la paz y la siga.

1 Pedro 3:11

La paz les dejo; mi paz les doy. Yo no se la doy a ustedes como la da el mundo. No se angustien ni se acobarden.

Juan 14:27

La rescatadora

Una mujer de 55 años de edad, madre de dos hijos, ministro de adoración en su iglesia y profesional de la contabilidad me cuenta cómo después de haber pasado por una ruptura de una relación de pareja muy dolorosa, conoció a un hombre extremadamente galante. Tenía muchos detalles con ella y estaba pendiente hasta de sus más mínimas necesidades. Entonces pensó: *Este es el hombre de mi vida*. Se casó con él, pero al poco tiempo comenzó a ver unos rasgos en su personalidad que no entendía. Una de las cosas que descubrió era que tenía una gran adicción a la pornografía. Ella entonces se convirtió en una rescatadora. Empezó a buscar la manera para que él no tuviera que ver pornografía.

La adicción a la pornografía se transforma en algo compulsivo a la velocidad de la luz. Es una compulsión sumamente difícil de manejar y devora el alma del individuo. Los expertos, aun dejando a un lado las explicaciones morales y espirituales, han llegado a admitir los efectos erosivos que la pornografía ejerce en las personas.

La responsabilidad de trabajar esta conducta no era de la esposa sino del esposo. Pero ella, en su afán de «salvarlo», hacía todo lo que estuviera a su alcance para sacarlo de su adicción. Buscaba todas las estrategias posibles. Sobre todo, porque después de él ver pornografía se deprimía mucho, por lo que ella era «la que tenía que bregar con él». Lo que describe como una experiencia que no era nada fácil. También trató de ser «su todo» para que «no le faltara nada». Después de mucha terapia, comprendió que ella no podía «salvarlo», sino que eso solo lo podía hacer él mismo con la ayuda de Dios.

También comprendió que su valor como mujer no estaba basado en rescatar a su esposo.

Es típico de las personas que entran en relaciones codependientes que tengan una necesidad de controlar el comportamiento de su pareja, involucrándose excesivamente en la vida del otro. Suelen autoanularse en un rol de cuidadores abnegados y de salvador de todo tipo de problemática. Se involucran en relaciones con personas conflictivas, con adicciones o con problemas emocionales severos.

Para que haya una rescatadora también tiene que haber una víctima, o sea, alguien que «le necesite». Se someten en roles de protectores, intentando ser «salvadores». Incluso, pueden pensar que esta es la forma ideal de amar. Lo que ocurre es que eventualmente se darán cuenta que esa expectativa no es real.

La enseñanza bíblica es clara. No puedes amar a nadie saludablemente si no te amas a ti misma primero. Esto no es ir al extremo del egoísmo, pero debes amar al prójimo en la misma medida en que te debes amar a ti (Levítico 19:18). Culturalmente, podemos confundirnos porque se nos ha enseñado a las mujeres que debemos suplir las necesidades de los demás antes que las nuestras, y a darle más importancia a los demás que a nosotras mismas. Sin embargo, el valor y el amor que le das a los demás está totalmente relacionado con el valor y el amor que sientes por ti misma. Si no tienes amor y cuidados para ti misma, ¿dónde está tu reserva para dárselo a otros de forma saludable? Quiero que analices los puntos a la siguiente pregunta:

> No puedes amar a nadie saludablemente si no te amas a ti misma primero.

¿Cuáles son las características de la mujer rescatadora emocionalmente?

1. **Baja autoestima:** El desconocimiento de sus cualidades, la falta de seguridad personal, la pérdida de identidad en Dios y el que no se sienten verdaderamente valiosas, las lleva a buscar aprobación entrando en el rol de rescatadora.

2. **Comprometidas en forma excesiva:** Anteponen el compromiso que tienen con otros y esto lo hacen de forma extrema. Priorizan tareas para otros antes que las propias.

3. **Sello de culpa y responsabilidad:** Ponen toda la energía para satisfacer las necesidades de los demás, sobre todo en las relaciones de pareja. Dejan a un lado sus propias necesidades, y si no lo hacen de esta manera, se sienten culpables.

4. **Expectativas demasiado altas:** Consideran que sus esfuerzos por el cuidado del otro deben ser recompensados, y cuando no obtienen el reconocimiento que esperan, pueden frustrarse.

5. **Dificultad en los límites:** Viven de forma fusionada con la persona a la que pretenden rescatar. No suelen haber espacios personales saludables, ni físicos ni emocionales.

6. **Falta de objetividad:** Se les puede hacer bien difícil ver sus propias problemáticas y se centran en los problemas de los demás, con la finalidad de buscar soluciones a su propio problema de codependencia. De hecho, suelen evitarlo a toda costa.

7. **Repetición de patrones:** La necesidad de afecto y seguridad las lleva a repetir el mismo tipo de

relaciones. Cambian de pareja, pero el problema sigue siendo el mismo. Se apegan al mismo perfil de hombres.

Hombres saludables y depredadores emocionales

Me considero una gran admiradora de los hombres. He tenido la bendición de que la mayoría de los hombres más significativos en mi vida han tenido una relación bastante saludable conmigo. Mi padre fue un hombre maravilloso. Siempre que leo en la Biblia Primera de Corintios trece, pienso en él. Su amor por nuestra madre y por nosotros, sus hijos, fue siempre sacrificado, benigno y no fue para nada egoísta.

Cuando recreo memorias de mi infancia, en aquellas que más me bendicen, siempre está presente la figura de mi hermano. Él es el mayor, luego viene mi hermana, y trece años después, nací yo. Mi hermano es esa persona con quien tengo la seguridad de que si lo llamo me va a responder. Está muy pendiente a nuestras necesidades y estoy consciente que, cuando hemos tenido retos y pruebas, él los ha sufrido también, porque la empatía es una de las fortalezas de su carácter. Así mismo, tengo amigos varones a los que valoro y respeto. ¡Han sido una verdadera bendición en mi vida!

Algunos de los hombres que he amado han sido verdaderamente extraordinarios. Me casé con mi favorito. Como ya he compartido contigo, no somos un matrimonio perfecto. Cada día, conscientemente decidimos enamorarnos, aceptarnos, superar los obstáculos y ser felices.

Conocer de forma profunda el corazón de mi esposo me hace saber que hay hombres esforzados en amar saludablemente a sus esposas.

Antes de conocer a mi esposo, tuve que enfrentar la vivencia de haber cultivado una relación en la que mi amor propio fue sistemáticamente debilitado. No acuso a la otra persona de habérmelo hecho. Yo lo permití. Asumir esta responsabilidad también me dio el poder de salir de la dependencia emocional que tenía con la persona. Fue una oportunidad para conocer cuáles fueron las raíces emocionales que me llevaron a esa situación. Darme la oportunidad de trabajarlas y sanarlas.

Cuando esa relación terminó, tuve una extraña sensación de profunda tristeza y un gran alivio. Fue duro, pero valió todo el esfuerzo. Una de las ganancias más grandes que identifico de haber pasado por esta experiencia es el poder ser empática con mis pacientes que están caminando por esa travesía. Eso no lo dan los estudios ni los diplomas (los que también considero que son importantes); es la vivencia y poder sostener a mis pacientes con: «Te entiendo porque yo también pasé por ahí». Por sobre todas las cosas, poder también afirmarlos: «Aquello que nos daña y nos quita la paz no proviene de Dios». Ya lo dice la Biblia:

> «Aquello que nos daña y nos quita la paz no proviene de Dios».

«La bendición de Jehová es la que enriquece, y no añade tristeza con ella».

PROVERBIOS 10:22, RVR

En este mundo existen personas saludables y lamentablemente también hay unas que están enfermas o con deudas emocionales, con ataduras espirituales o con asuntos no resueltos que los convierten en depredadores emocionales. Seguramente te has topado con algunos o con muchos. Puede ser que uno viva contigo en tu casa. Sea un hombre o una mujer, cualquier persona que se aprovecha y explota la inseguridad y sensibilidad de la otra persona, es un depredador emocional.

Los depredadores emocionales aprenden que usando la manipulación pueden salirse con la suya. Se aprovechan de las vulnerabilidades de otros para obtener distintos tipos de ganancias sobre lo que ellos necesitan. A veces tienen cualidades positivas o usan el encantamiento, lo que hace el asunto considerablemente complicado.

¿Cuál es el perfil de los hombres que son depredadores emocionales?

- La mayoría procede de familias donde ha ocurrido maltrato
- Manifiestan conducta violenta
- Son impulsivos
- Son inmaduros emocionalmente
- Suelen tener buena imagen pública
- Tienen baja autoestima
- Reflejan sentimientos de inferioridad
- Necesitan tener el control y poder
- Son celosos
- Son posesivos
- Manifiestan inestabilidad emocional
- Son egocéntricos

- Culpabilizan a los demás
- Son manipuladores
- Muestran niveles bajos de empatía
- Tienen problemas de adicción

Eres libre para decidir

En mi criterio, una de las posesiones más preciadas y valiosas que Dios nos ha dado es el poder de elegir. Es una de las áreas en las que reflejamos nuestra semejanza con el Creador. Dios sabía, aun antes de crear la humanidad, lo que eso implicaría y es una de las demostraciones más sublimes de su amor.

Es natural que tengamos la necesidad de sentirnos seguras. Nacemos con un instinto protector. Como hija amada de Dios, tienes el derecho a protegerte de todo aquello que te destruye y te hace daño. Tú has sido creada para ser feliz y mereces una vida victoriosa. La fortaleza para lograrlo en muchos casos es casi nula o inexistente.

Tú has sido creada para ser feliz y mereces una vida victoriosa.

Pero tengo buenas noticias para ti, si este es tu caso. A través de la activación del Espíritu de Dios en ti serás capacitada para lograrlo.

¿Qué puedes hacer para superar el apego emocional destructivo?

1. **Reconoce:** Lo que negamos nunca podemos solucionarlo. El primer paso es reconocer si tienes este

problema. A veces, lo que nos resulta emocionalmente menos complicado es señalar a los demás de
nuestras situaciones. Pero el comienzo de nuestra
liberación es la aceptación y nuestra responsabilidad en cuanto a lo que estamos permitiendo para
nuestra vida. Cuando reconocemos el problema es
el inicio glorioso de su solución.

2. **Desarróllate:** El crecimiento personal en las distintas áreas del ser (espiritual, emocional, física y
   social) es un factor fundamental para fortalecer
   la autoestima y aumentar la confianza. Que puedas creer más en ti misma con la ayuda del Señor,
   porque esto marcará la diferencia. Cuando esto
   sucede, te sientes más conectada con la identidad
   que Dios te ha dado y eso te hace menos vulne-
   rable, más libre, fuerte y con menos dependencia
   emocional.

3. **Enfócate:** La opinión más importante es la que
   tiene Dios de ti y también la que tú tienes sobre
   ti misma. Es altamente liberador cuando dejas
   de estar tan pendiente a la opinión de los demás.
   Para lograr esto hay que reforzar nuestra verdadera identidad y desarrollar una autoimagen valiosa
   que te hace digna de amor y respeto.

4. **Asume tu responsabilidad:** Es común pensar que
   nuestras emociones y sentimientos vienen de afuera de nosotras, pero en realidad vienen de nuestro interior. Nuestras emociones y sentimientos
   son resultado de la interpretación y el significado

que le damos a las experiencias. Nosotras mismas somos las dueñas y responsables de nuestras interpretaciones y, por lo tanto, de lo que sentimos. Para dejar de ser dependiente emocional es fundamental asumir responsabilidad de esos sentimientos y de nuestra vida. Sabiendo que ésta no está en manos de los demás, sino en las manos de Dios.

5. **Ama la soledad:** Disfruta de estar contigo misma. Mientras más reconciliada y cómoda te sientas contigo, mayores probabilidades tendrás de escoger personas saludables a tu lado. La persona con la que has pasado más tiempo y con la que pasarás el resto de tu vida es contigo misma. Por eso es la relación más importante a cuidar en este mundo.

La pasión de mi vida es que mujeres como tú, se amen, se valoren, que progresen en todos los sentidos y que internalicen que poseen una dignidad que merece respeto. Para que otros respeten esa dignidad, la debes respetar tú misma primero.

Ser dependiente emocionalmente es algo más que una condición psicológica. Es una mentira sobre nuestra identidad y condición aprobada por Dios. Poner en acción eso que ya sabes que debes hacer para tu libertad requiere tomar la decisión de ser tenaz, y eso es, amada, la cumbre del poder. Activo en el Nombre de Jesús lo que dice su palabra:

El Señor fortalece a su pueblo; el Señor bendice a su pueblo con la paz.

SALMOS 29:11

He visto lágrimas de mujeres derramarse mientras pronuncian estas palabras: «No puedo salir de ahí». Ese es el momento en que tenemos que dirigirnos directamente al trono del Dios y Padre Todopoderoso, recordando una

«Cuando sientas que el lugar donde te encuentras ya no es tu sitio, entonces vuela».

vez más la identidad que Él nos ha dado, cuánto valemos y que hemos nacido con un propósito especial y de trascendencia.

Me encanta usar las ilustraciones con mis pacientes. En la oficina tengo una pajarera. En ocasiones, se las coloco en las manos. La utilizo para que no se les olvide este principio: «Cuando sientas que el lugar donde te encuentras ya no es tu sitio, entonces vuela». Con la autoridad que Cristo da, es posible que lo puedas lograr.

...No con ejército, ni con fuerza, sino con Espíritu...

ZACARÍAS 4:6, RVR1960

Debemos apelar a Dios pues Él es quien pelea nuestras batallas. Que Él nos afirme con seguridad, por medio de la fortaleza y el valor que solo Él puede dar. He acompañado a miles de mujeres a orar para que el Espíritu Santo haga florecer en ellas todo lo que cargan por dentro; aquello de lo que en medio de la confusión no tienen idea que poseen o lo han perdido de perspectiva. ¡Así que vamos, florece!

Debemos apelar a Dios pues Él es quien pelea nuestras batallas.

ORACIÓN

Señor, tú eres mi protector y mi seguridad. ¡Libérame! La Biblia dice que tú no me has dado un espíritu de cobardía, sino uno de poder, amor y dominio propio. Estoy segura de que, por tu amor, los deseos que tienes para mí son que yo sea libre de toda relación o situación enfermiza que me roba la paz. Tú ves cada fisura que hay en mi alma atada. Concédeme el poder comprender las cadenas que hasta hoy me ataban. Ayúdame a salir de los ciclos que me mantenían esclavizada. Te pido que arranques las raíces de inseguridad que yo misma planté y que traigas una restauración total a mi vida. Sabiendo que en ti estoy completa y plena. ¡Que pueda decir con tu ayuda: rompí el ciclo!

En el Nombre poderoso de Jesús.

Amén.

EJERCICIOS PARA CONTESTAR, REFLEXIONAR Y APLICAR

1. Cuando una persona o una relación ha menoscabado tu seguridad y tu convicción de valor propio, te exhorto a que realices esta afirmación: «Pudieron haber herido mis sentimientos, pero no me pueden quitar ni mi identidad ni mi valor, ni mi propósito ni la seguridad personal. No le permitiré a nadie que me dañe ni me lastime».

   Reflexión: _____
   _____
   _____
   _____
   _____
   _____
   _____
   _____

2. ¿Eres dependiente emocionalmente o una rescatadora? ¿Cómo esto te afecta?
   _____
   _____
   _____
   _____
   _____
   _____
   _____

3. Escribe una carta utilizando la frase: «Te dejo ir porque...» a la persona de quien vas a liberarte.

Hoy pongo un final definitivo a esta historia.

Te dejo ir porque: _____

_____

_____

Te dejo ir porque: _____

_____

_____

Te dejo ir porque: _____

_____

_____

Te dejo ir porque: _____

_____

_____

4. ¿Qué vas a hacer de ahora en adelante para vivir de manera más emocionalmente independiente?

a.

b.

c.

d.

e.

f.

g.

h.

La amargura aprisiona la vida;

el amor la libera.

<small>Harry Emerson Fosdick</small>

CAPÍTULO 7

¡Deléitate!

ÁMATE: AMANDO A OTROS SALUDABLEMENTE

*Porque el SEÑOR estará siempre a tu lado
y te librará de caer en la trampa.*

PROVERBIOS 3:26

Bueno, amada mujer, ya estamos casi al final de nuestra travesía sobre el despertar del conocimiento de tu valor y de la importancia de vivir en el verdadero propósito para el cual fuiste creada. Creo que seguirás el camino de la vida de la mano de un Dios fiel y con el desafío de vivir en la firmeza de una mujer que se ama a sí misma y que podrá amar a otros de forma saludable.

La sociedad, no necesariamente, dejará de gritarte mentiras sobre tu identidad, valor y dignidad. Si el estruendo del mundo fuera poco convincente e ilógico al oído y a la mente de muchas mujeres, los libros como este no serían necesarios. He tenido un gran compromiso contigo, porque lo tuve que tener conmigo misma primero, y creo que esta batalla no puede ser ganada de forma tímida. Necesitamos estar preparadas para distinguir la diferencia entre la mentira y la verdad.

Parte de la verdad sobre nuestra identidad es que somos hijas del amor. Fuimos creadas por amor y para amar. Como ya hemos discutido, en la medida en que nos amemos a nosotras mismas de forma saludable, podremos echar hacia afuera ese amor en forma multiplicada.

Amor de amigas

Prácticamente la mitad de mi vida la he dedicado a intervenir con mujeres, tanto en convenciones, conferencias, predicaciones como en la oficina de consejería. He notado que hay una tendencia a que, cuando las mujeres están rodeadas por otras mujeres, tratan de hacerse una opinión de la otra, con dificultad, para congeniar. He escuchado a cientos de mujeres decirme: «Yo me llevo mejor con los hombres».

Algunas pueden intimidarse fácilmente por la belleza física, la posición que ocupan o por cualquier cosa que interpreten como que la otra mujer tiene más cualidades que ellas o que no las hacen sentir a la altura de las circunstancias, y levantan barreras. No todas las mujeres lo hacen, ni lo hacen siempre.

Mis buenas amigas son de los regalos más maravillosos que tengo y de los tesoros que más valoro. Algunas son como hermanas y llevamos años de amistad. De hecho, mi hijo las llama «Titi». Son ingeniosas, inteligentes, talentosas, divertidas, expresivas y cada una de ellas tiene sus peculiaridades que las hace distintas a la otra, y también distintas a mí. De hecho, me he dado cuenta que la mayoría suelen ser diferentes a mí en el temperamento, parece que las escojo así para que me complementen. Han sido una fuente muy valiosa de aprendizaje.

Las inseguridades y la baja autoestima pueden distorsionar el amor que sentimos por otras mujeres. Puede convertir a las amigas potenciales en rivales. Es extremadamente triste que las mujeres lleguemos a este punto. Los complejos pueden robarnos algunas de las relaciones más ricas que podríamos llegar a tener entre amigas. Llevo una campaña activa enseñando que las mujeres no estamos para competir. Estamos para apoyarnos.

Las mujeres no estamos para competir. Estamos para apoyarnos.

Algunas evitan estar cerca de otras mujeres que las hagan sentir siquiera un poquito inferiores; únicamente se hacen amigas de aquellas que las puedan mirar con suficiencia. Dura realidad. Otras se pueden ir al otro extremo: se pegan a mujeres que pueden ver como superiores, porque sienten que relacionándose con ellas logran al menos compartir algo de reconocimiento social. El plan tiene sus ventajas para ambas partes durante un tiempo; pero fracasa a la larga. Vivir a la sombra de alguien eventualmente abona a un mayor grado de inseguridad.

Para amar saludablemente a otras mujeres es inminente dejar de hacer comparaciones. Nuestra constante tendencia a compararnos con las mujeres que nos rodean arruina nuestra percepción. Comparamos desde los zapatos que llevamos puestos, la ropa, las carteras, el peinado, el maquillaje, la inteligencia, la simpatía y hasta el nivel de unción. Es común que cuando las mujeres están en un lugar público, no pasan ni cinco minutos sin que empiecen a examinar concienzudamente a las mujeres que están en el lugar y comienzan a clasificarse en relación a cuál rango pueden encajar.

La naturaleza de la competencia depende, en gran parte, de lo que acostumbramos a valorizar. Esto es muy particular en cada persona. Si para una mujer lo más importante es la inteligencia, cuando se dé la oportunidad, tratará de evaluar si las personas que la rodean parecen más o menos inteligentes que ella. Si la apariencia física es considerada como algo valioso, se evaluará según el aspecto de quienes la rodean. Lo mismo es aplicable para el éxito, la capacidad, los dones y la espiritualidad. Nuestras comparaciones más rigurosas tendrán que ver con eso que hemos definido que tiene valor, importancia y prioridad.

> **Cuando funcionamos desde el valor y la identidad que Dios nos ha dado, estamos en plena capacidad de apreciar todo lo hermoso que tiene otra mujer.**

Cuando funcionamos desde el valor y la identidad que Dios nos ha dado, estamos en plena capacidad de apreciar todo lo hermoso que tiene otra mujer. ¡Nos alegraremos de sus bendiciones! Podemos valorar sus logros, respetar sus éxitos y admirar las metas alcanzadas sin sentirnos desalentadas. De hecho, hasta nos pueden servir de motivación en el mejor sentido de la palabra. ¡Seamos amigas! Así haremos una sociedad más justa, con mayor esperanza y más feliz.

Amar sin complejos

Cuando hay autoaceptación y se desarrolla el amor propio, se evita volcar las frustraciones en las personas que nos rodean. Sin embargo, si no se ha logrado superar las duras heridas recibidas en la vida, que han generado complejos, puede haber una tendencia a amar con miedo, a ser humillada, rechazada, abandonada, traicionada o simplemente causar desagrado. Todo eso no nos permite disfrutar a plenitud del amor.

Coloquialmente se dice que una persona tiene un complejo cuando se cree poseedora de cierto defecto, ya sea físico o psicológico, o cuando subestima su capacidad y se queda resentida la autoestima, sintiéndose inferior a otras personas en muchas ocasiones. Los complejos son resultado de episodios que nos han dejado marcas psicológicas. Por eso se dice que los complejos emocionales y los traumas están íntimamente ligados. Un complejo contiene todos los pensamientos conscientes e inconscientes, los sentimientos, los recuerdos, las sensaciones y, sobre todo, la autoprotección. Hay quienes, por causa de los complejos, se limitan y no se exponen a tener una relación de pareja.

Si una persona tiene complejos puede pensar que nadie saludable llegará a quererla. O si se considera poco atractiva, puede aferrarse muy fácilmente a quienes se sienten atraídos por ella, aunque no tengan las cualidades que verdaderamente desea en una pareja. Hasta hacen negociaciones de lo que en su interior saben que nunca deberían negociar para sus vidas en una relación.

Es interesante notar que es muy frecuente el hecho de que, cuando una persona saludable se acerca afectivamente a alguien que tiene complejos, se sorprende, duda de las buenas intenciones y hasta podría llegar a sabotear una posible buena experiencia en su vida. Es como si dijera: «Si yo le gusto, algo malo tiene que tener». Los complejos pueden ser la raíz de un gran número de boicots por la falta de seguridad y temores que estos provocan. Sea que estés o no estés en una relación de pareja, si hay complejos que emocional y espiritualmente no están resueltos, puedes manifestar temores en el amor.

Los cuatro temores en el amor relacionados a los complejos son los siguientes:

1. Rechazo

Esta herida es bien profunda, ya que quien la sufre de forma real o imaginaria, se siente lastimado en su interior. La primera reacción típica que tiene una persona que se siente rechazada es huir. Otra reacción común es la de querer complacer demasiado. Mientras mayor sea la herida de rechazo en una persona, mayores circunstancias atraerá para ser rechazada o para rechazar a los demás. Tiene una tendencia a sentirse constantemente devaluada. Con frecuencia se compara con personas que considera mejores que ella, lo que la hace creer que no es tan buena como las demás. Cuando es elogiada no lo puede creer y se rechaza a sí misma. Cuando no es elogiada, se siente rechazada por el otro. No es raro que la persona, que tiene temor a ser rechazada por sus complejos, piense que sus palabras y sus actos carecen de valor.

2. Abandono

He observado en mis pacientes que la persona que tiene temor de ser abandonada también puede sufrir de rechazo. Quien tiene temor del abandono considera que no merece ser amado. Tiene una enorme capacidad para negarse a ver los problemas que tiene en su relación de pareja. Prefiere engañarse y creer que todo marcha bien, porque tiene miedo a ser abandonada. Cuando el otro le anuncia que quiere marcharse, sufre enormemente porque, como se ha cegado a ver los problemas, no lo esperaba. Tiene dificultad con la palabra «dejar», porque el significado que le da es «abandonar». Cuando se siente abandonado, por circunstancias o por las ideas que están en su mente, considera que no es lo suficientemente importante para atraer la atención del otro. Me he dado cuenta que los matrimonios más saludables son aquellos en las que las partes aman sin temor a que el otro le abandone.

3. Humillación

Veamos juntas lo que significa la palabra «humillación». Es la acción de sentirse rebajada, de rebajarse o de rebajar a alguien más. Los sinónimos de esta palabra son: «sumisión», «vergüenza», «mortificación». Las personas que tienen complejos y que manifiestan el temor de la humillación en el amor pueden tornarse masoquistas. El masoquismo es el comportamiento de una persona que encuentra satisfacción, e incluso placer, en sufrir. Aun cuando lo hace inconscientemente, procura el dolor y la humillación la mayor parte de las veces. Se las ingenia para hacerse daño o para castigarse antes de que alguien más lo haga. No presta atención a sus necesidades, aun cuando sea consciente de lo que desea con frecuencia. Se crea a sí misma un sufrimiento mayor al ignorar sus necesidades, lo que contribuye a alimentar su temor de humillación. Tiende a culparse de todo y hasta carga la culpa de los demás. Cuando sepas en lo más profundo de tu ser que en verdad eres especial e importante, no tendrás que hacer tantos sacrificios para demostrárselo al resto de la gente.

4. Traición

El término más importante que se relaciona con la traición es la fidelidad, que es lo contrario al engaño. Las personas que tienen este temor en el amor por causa de sus complejos tienen problemas de celos. Los celos suelen estar íntimamente relacionados con la autoestima y la falta de seguridad personal, casi siempre asociada al trauma de haber sobrevivido una infidelidad en el pasado. Son la respuesta al miedo de perder a la persona que se ama. Cuando ese temor es constante, la persona experimenta episodios de ansiedad ante los cuales el ejercer control será la salida para retomar nuevamente la seguridad y reducir el temor a ser abandonada. Las consecuencias de estos episodios resultan ser desgastantes para ambos miembros de la pareja.

Para lograr salir de este círculo vicioso el primer paso es reconocer que los celos están afectando la relación y la estima de las dos personas que la constituyen. Es inminente aprender a detectar los pensamientos irracionales y hacer una interpretación más positiva y real. En ocasiones, es necesario un acompañamiento profesional para superar y garantizar el bienestar emocional, tanto a nivel personal como a nivel de la relación de pareja.

Amar sin rencor

Cuando nos amamos a nosotras mismas, trataremos de tomar decisiones que nos permitan vivir con libertad en el alma. Uno de los actos más liberadores que existen es el perdón. Es incompatible que una persona diga que se valora y se ama, pero no ha podido perdonar a quien la lastimó. He visto cuánta destrucción, infelicidad y enfermedad acarrea el que una persona no perdone y viva con rencores. La falta de perdón suele ser ira acumulada o reprimida. Con mucha frecuencia, la ira puede pasarse por alto porque hay una tendencia automática a negarla. Lastimosamente, en ese proceso, esa ira continúa arraigándose y creciendo como un tumor canceroso y muy maligno. Amarnos a nosotras mismas no implica almacenar heridas, engavetarlas o tratar de encerrarlas, tratando de que queden fuera del alcance de nuestra memoria consciente. Amarnos de verdad implica sacar el dolor hacia afuera, conectarnos con la herida, aceptarla, manejarla y sanarla por completo.

> Amarnos de verdad implica sacar el dolor hacia afuera, conectarnos con la herida, aceptarla, manejarla y sanarla por completo.

Creo mucho en la escritura de cartas como medio terapéutico. He visto contundentemente los beneficios de esta técnica y lo saludable que redunda en los procesos de cierre emocional para las personas. Una paciente joven vino a terapia y descubrimos que, para la restauración total de su alma, era inminente trabajar el perdón con dos figuras muy importantes de su vida. Una es su mamá y la otra su exnovio. El motivo principal por el que fue a buscar ayuda era trabajar su autoestima. Trabajamos para que rompiera las creencias erróneas sobre ella misma y, a la vez, abordamos los mensajes que recibió de personas significativas que laceraron su amor propio. Logró identificar que las creencias que había desarrollado durante las experiencias vividas con su madre y exnovio no tenían ninguna base real, por lo que elaboró nuevas perspectivas y adquirió herramientas para vivir desde el respeto hacia sí misma. Finalmente, identificamos que era fundamental el trabajo de completar el proceso de perdonar esas heridas. Las cartas de perdón no necesariamente llegan a las manos de los destinatarios. Su fin es la liberación de quien las escribe. En ocasiones, hay personas que determinan enviar las cartas a las personas con quien están haciendo el ejercicio de perdonar. En otros casos, identifican que no lo necesitan de esa manera. En el caso de esta joven, el objetivo era discutirlas en la terapia para su liberación. Te comparto, con su autorización, algunas porciones de las cartas que ella escribió para que tengas idea de cómo se hace este ejercicio y, sobre todo, para invitarte a practicarlo si lo consideras necesario.

Carta de perdón a mamá:

«Solo necesitaba que me entendieras. En ocasiones, lo único que necesitaba de ti era un abrazo y que me dijeras que todo estaría bien. Cuando discutías con mi padre, que siempre pensabas que yo estaba de su lado, nunca pudiste comprender que me alineaba con él porque era la única manera que lograba que parara de golpearte. Nunca fue mi intención que sintieras lo contrario. Desde pequeña, lo único que necesitaba de ti era un poco más de afecto. Te perdono por recriminarme el parecido físico que tengo con mi padre, aunque no tengo culpa de eso. Te perdono por no conocer mis sentimientos y no comprenderme cuando más lo he necesitado. Te pido perdón y te perdono. Te amo».

Carta de perdón a exnovio:

«Te perdono por hacerme tanto daño. Reconozco que también me tengo que perdonar a mí misma por haberlo permitido. Te perdono por haber jugado conmigo, por robarme mi alegría y el tesoro más preciado de mi vida. Te perdono por nunca haberme visto como una prioridad. Te perdono por haberme engañado con más de una mujer a la vez. No soy la mujer perfecta, pero intenté amarte como nunca nadie lo había hecho. Mi salud se vio tan comprometida a causa del dolor y del sufrimiento que hasta mi cerebro comenzó a apagarse literalmente. Espero que le permitas a Dios que *guíe* cada uno de tus pasos y te haga libre».

Quienes cultivan malezas de amargura y falta de perdón pagan un precio alto y provocan, sin darse cuenta, la denigración de su valor propio. Esto es así porque, cuando decidimos aferrarnos a los daños que otros nos han causado, renunciamos a la plenitud de nuestra vida. Sea que el daño provenga de una persona que esté presente o de alguien que hayas decidido que ya no esté en tu vida o simplemente se fue, no vale la pena desperdiciar tu apreciada energía emocional y física por la falta de perdón. Quien se valora, no se hace eso.

Puedes amar sin rencor de cerca o puedes amar sin rencor de lejos. Perdonar no siempre implicará que

No vale la pena desperdiciar tu apreciada energía emocional y física por la falta de perdón. Quien se valora, no se hace eso.

permitirás que esa persona siga siendo parte del círculo íntimo de tu vida. De hecho, en ocasiones, un gran acto de amor hacia sí mismo es perdonar y dejar ir a la persona que nos lastimó, porque tenerla cerca nos haría más daño. En otros casos, sí es posible perdonar y permanecer cerca. Lo importante es que, sea cual sea el caso, vivas sin rencor. Que hayas perdonado de tal manera que, aunque recuerdes lo que te hicieron, porque todo queda registrado en nuestra memoria, ya no te duela.

Disfrutar del amor de Dios

Cuando logramos amarnos saludablemente podemos disfrutar y hasta entender mejor el amor inagotable de Dios. Comprendemos que lo merecemos porque así Él lo ha establecido. Cuando nuestro amor propio está distorsionado, nuestra visión de Dios también puede distorsionarse. Por eso, cuando nos sentimos mal con nosotras mismas, no nos sentimos merecedoras de un amor tan grande. Esto a la vez, crea un bloqueo para amar a Dios libremente. Es decir, ni disfrutamos del amor de Dios, ni le amamos con libertad y plenitud.

¡Qué bueno que cuentas con el amor de Dios! Un amor que está dispuesto y disponible para liberarte, sanarte, sacarte del hoyo, protegerte, guardarte, reconstruirte, ayudarte, sostenerte, bendecirte, perdonarte, levantarte y hacer todo nuevo. La motivación de su amor eres tú.

Él ha decidido amarte primero. Aun cuando somos infieles, su amor permanece fiel, pues Él ha decidido amarte sin buscar nada a cambio. Las mujeres podemos hacernos expertas en amar de forma sacrificada, y hasta negociamos lo que jamás deberíamos negociar con tal de sentirnos amadas. Es como cuando una mujer le entrega su amor a un hombre casado, lo cual para ella representa un conflicto moral. Sin embargo, el amor de Dios es incondicional. Sabe exactamente lo que necesitas y simplemente cubrirá las faltas y te amará. Eres de mucho valor para Dios.

La Biblia dice que Dios nos ama y nos adoptó por medio de Jesucristo como sus propios hijos. Él lo hizo porque le agradó en su amorosa intención. Su objetivo principal es el amor por nosotros. No es debido a nada que hagamos para ganar o merecer su amor. Puede parecernos poco racional que Dios haya decidido amarnos de tal manera. Qué bueno que Él no tiene que ser razonable. Él es Dios y hace todas las cosas como quiere. La gente, usualmente, necesita un motivo para amarnos. Hay quienes, en algún momento de nuestras vidas, nos amaron de cierta manera y decidieron dejar de amarnos. Pero Dios nos sigue amando, y ese amor no tiene condiciones. Es un amor sin fin.

Es verdaderamente extraordinario el hecho de que el amor de Dios es dado sin reservas. Las circunstancias de tu vida pueden cambiar, pero Él seguirá amándote. No busca lo suyo, no está pendiente a ganancias ni beneficios. No se cansará de amarte. Puedes confiar plenamente en su amor. Hoy te invito a comenzar otra vez, creyendo este texto:

> **Dios nos sigue amando, y ese amor no tiene condiciones. Es un amor sin fin.**

Jehová se manifestó a mí ya hace mucho tiempo, diciendo: Con amor eterno te he amado; por tanto, te prolongué mi misericordia.

JEREMÍAS 31:3, RVR1960

En este versículo se encuentra un principio fundamental y nos demuestra a profundidad cómo funciona el corazón de Dios. No podemos contabilizar el valor de ese amor y nos puede parecer tan bueno como irreal. Dado a que su forma de amar es tan diferente a la nuestra, nos puede resultar no creíble.

He notado que a quienes se les hace más complicado comprender el amor de Dios son las personas que no recibieron amor saludable de la gente que se suponía que los amara y los cuidara. Como en los casos que ha habido abandono, maltrato o preferencias con otros hermanos. Cuando en un hogar se siente que hubo preferencia con otros hijos y se percibió que el trato con ellos era más afectuoso o de mayor protección, interpretamos que no somos suficientemente buenas para recibir amor incondicional. Este asunto va directamente al sentido del «yo», porque es rechazo, creyendo que podemos ser también rechazadas por Dios o que nunca podemos alcanzar su aprobación.

En el sofá de la oficina de consejería se ha sentado más gente de la que yo quisiera que no se pueden comprometer con Dios por un temor neurótico a fallarle y no ser aprobados, sino más bien rechazados por Él. A estas personas les hemos dicho: «Siento muchísimo que te hayan enseñado erróneamente a un Dios que condena, castiga y rechaza». Esto es grave, porque no alcanzo a imaginarme lo difícil que debe ser la restauración del alma sin sentir el acompañamiento del amor de Dios. Aun cuando Él quiere enseñarnos algo, lo hará sin rechazarnos. En algún momento me tocó vivir la cosecha de lo que he sembrado, y sufrí las consecuencias de mis actos. Pero siempre su amor ha estado latente e incondicional para levantarme y guiarme a una nueva oportunidad, para comenzar otra vez.

«Siento muchísimo que te hayan enseñado erróneamente a un Dios que condena, castiga y rechaza».

Como mujeres cristianas, debemos proponernos diariamente a no pecar. Sin embargo, quiero decirte que si estás cargando el dolor de que le has fallado, Dios envió a Cristo. Es importante que seas libre de toda culpa delante de Dios. El Señor amoroso ha pagado todas tus faltas, errores y debilidades. Murió por nosotros no para que tengamos una religión, sino para que pudiéramos tener una íntima relación con Él delante de Dios. Hemos sido saturados por su misericordia; la que te persigue todos los días de tu vida y es nueva cada mañana.

El gran amor del SEÑOR nunca se acaba, y su compasión jamás se agota.

LAMENTACIONES 3:22

Tu valor no está basado en si has fallado o no. De hecho, todos fallamos. Jesús sabía y conocía perfectamente el interior de las personas. Sin embargo, aun conociendo sus pecados, errores y debilidades, no los señalaba, ni entraba en una dinámica de juicio o condenación. Él tenía una motivación superior: que experimentaran el poder de su amor y disfrutaran de la libertad que solo Él puede dar.

El deseo del corazón de Dios es que te sientas segura en Él. Posiblemente, por las experiencias que has atravesado a lo largo de tu vida no has podido disfrutar de seguridad emocional. Dios te espera con los brazos abiertos y te va a amarrar con cuerdas de amor (Oseas 11:4). ¡Qué maravilloso es que Él nos acerca de esa forma! Deja que el amor de Dios te envuelva. No cargues más culpas, ni sentimientos de condenación. Mira lo que dice Romanos 8:1: «Ahora pues, ninguna condenación hay para los que están en Cristo Jesús».

Mi anhelo es que, a través de esta lectura y, sobre todo, con la revelación del Espíritu Santo, puedas cambiar todo concepto incorrecto sobre el amor de Dios. Su Palabra dice que debemos renovar nuestro entendimiento (Romanos 12:2). Es importante desechar las interpretaciones equivocadas. Dios no es como los hombres. No tiene hijos favoritos, su amor es para todos por igual. Tampoco hay que merecerlo o ganarlo. El amor de Dios es tan fuerte que todo lo soporta y nunca se agota. Por esto, nada debe apartarte del más grande amor. Que nada te separe de Él (Romanos 8:35-39). Este amor te hace reina en su reino. Aunque estés en pleno desierto, se levanten gigantes y luches contra tormentas, el amor de Dios te cubrirá. Te hará saber que nunca te deja y que no estás sola.

Permanece amándote

- Decidiste ser feliz.
- Preferiste sacar lo mejor de ti, porque eso te hace un ser más bello.
- Ya aprendiste que eres un ser único, especial e irrepetible.
- Has nacido con un propósito específico y de trascendencia.
- ¡Llevas un pedazo de cielo dentro de ti!
- Has descubierto que todos somos seres maravillosos que Dios soñó.
- Tienes libertad, ilusiones y amor.
- Te has conectado con extraordinarias áreas para mejorar.
- Entendiste que como humana necesitas descanso.
- Escuchaste tus pensamientos y te conectaste con tus emociones.
- Has comprendido el valor de la autenticidad.
- No tienes que ser como otros quieren que seas solo para complacerlos.
- Ahora piensas más en lo que has ganado que en lo que has perdido.
- Te pertenecen tus triunfos, esperanzas y anhelos.
- Cuando te miras al espejo, te ves a través de los ojos de Dios.
- Has llegado a amarte tanto que ya sabes a quién debes tener cerca y a quién debes tener lejos.
- Tomas decisiones para cuidarte el alma, porque con el alma triste no se ama bien.
- Has madurado en tu autoconocimiento.
- Tienes la voluntad y acción de sanar.

ORACIÓN

Amado Señor. Te doy las gracias por todo lo que has hecho para traerme hasta aquí y por el plan que tienes por delante para mí. Gracias por convertir en algo bueno todo aquello que en otro momento fue para mí mal. Libérame de la inseguridad en mis relaciones, incluyendo la relación que tengo contigo. Ayúdame a protegerme a mí misma para no ser lastimada, ni que yo lastime a nadie. Acepto el hecho de que no puedo poner a un ser humano a cargo de mi seguridad sin destinarme a un dolor emocional seguro. Ayúdame a dejar de usar como espejo a determinada persona y a empezar a verme como tú me ves. Ayúdame a perdonar a los que me han decepcionado, a los que no me protegieron o causaron alguna herida. Ayúdame a mirarlos con compasión y misericordia.

Estoy preparada para vivir valorándome y caminando en el propósito glorioso que tú has diseñado para mí. Tú eres el Creador todopoderoso y omnisciente. Tejedor de todas las almas humanas. Solo tú sabes cómo estamos hechas y quiénes hemos de ser. Tú conoces mis pensamientos y todas mis desilusiones. Sabes cómo estoy formada, lo que son mis debilidades y fortalezas. Permíteme apreciar, aceptar, admirar y amar todo lo que soy. Nunca más agacharé la cabeza sintiéndome derrotada y avergonzada. Tú eres mi seguridad, oh Dios.

No hay nada que no tenga un propósito. Nada se ha salido de tu plan. Cada don, cada desafío y cada obstáculo han sido permitidos por ti para el cumplimiento de lo que estableciste para mi desde que me formaste en el vientre de mi madre. Tu propósito es convertirme en un testimonio vivo de tu poder y de tu amor. Quiero que tu Nombre siempre sea altamente glorificado por causa de mi vida, desde ahora y para siempre.

En el Nombre poderoso de Jesús.

Amén.

EJERCICIOS PARA CONTESTAR, REFLEXIONAR Y APLICAR

1. Pídeles a tres amigas que te escriban tres cualidades positivas que ven en ti.

Nombre de amiga núm. 1: _____

Cualidades:
a.
b.
c.

Nombre de amiga núm. 2: _____

Cualidades:
a.
b.
c.

Nombre de amiga núm. 3: _____

Cualidades:
a.
b.
c.

Nota: A estas mismas amigas que te escriban cualidades positivas, envíale tú también las cualidades maravillosas que ves en ellas y que tú admiras.

2. De los cuatro temores en el amor discutidos en este capítulo, señala si te has sentido identificada con alguno y por qué:

---

3. Si hay una persona a la que amas con rencor este es tu momento para perdonar. Escríbele una carta usando esta guía:

Te doy las gracias por:

Lo que necesité de ti y no obtuve:

Te perdono por:

_____

_____

_____

_____

_____

_____

_____

4. Reflexiona la forma en que puedes disfrutar mejor del amor de Dios:

_____

_____

_____

_____

_____

_____

ACERCA DE LA AUTORA

La Dra. Lis Milland es una consejera, profesora universitaria, conferencista y comunicadora en medios masivos. Cuenta con un doctorado en Consejería Profesional y una maestría en Trabajo Social. Como terapeuta, ha atendido a más de veinte mil pacientes con depresión, trastornos de ansiedad, problemas de abuso de sustancias y crisis familiares, tanto en su natal Puerto Rico como en el extranjero. Además, es la fundadora y directora del Centro de Consejería Armonía Integral. Es autora de los libros de éxito de ventas: *Vive libre, vive feliz*, *El perfil psicológico de Jesús* y *Lo que la pérdida no te puede quitar*. Participa semanalmente en la emisora radial Nueva Vida 97.7 FM en el segmento «Escucha bien, decide bien». Está felizmente casada con el catedrático Dr. Luis Armando Rivera. Reside en San Juan, Puerto Rico, junto a su esposo y su hijo Adrián Emmanuel.

Para más información o contactar a la Dra. Lis Milland:

Tel: 1+787-396-8307
Email: dralismilland1@gmail.com
Facebook: Lis Milland / @dralismilland
Twitter: @lis_milland
www.decidirserfeliz.com

LIS MILLAND

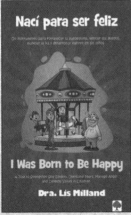

DRA. LIS MILLAND

Lo que la pérdida no te **PUEDE QUITAR**

Herramientas para SUPERAR el dolor emocional

UNA GUÍA PARA SANAR LA AUTOESTIMA

Mujer, conoce tu valor y vive con propósito

DRA. LIS MILLAND

AUTORA DE LO QUE LA PÉRDIDA NO TE PUEDE QUITAR

EL PERFIL PSICOLÓGICO DE JESÚS

Aprendamos del Maestro a manejar efectivamente nuestras emociones

DRA. LIS MILLAND

AUTORA DE *VIVE LIBRE, VIVE FELIZ*

Nací para ser feliz

I Was Born to Be Happy

Dra. Lis Milland

Prólogo por la Dra. NORMA PANTOJAS

Dra. LIS MILLAND

Vive libre **VIVE FELIZ**

Una guía de **21 DÍAS** para la sanidad interior

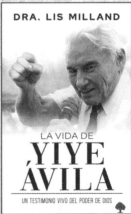

DRA. LIS MILLAND

LA VIDA DE **YIYE ÁVILA**

UN TESTIMONIO VIVO DEL PODER DE DIOS

Te invitamos a que visites nuestra página
web donde podrás apreciar la pasión por
la publicación de libros y Biblias:

www.casacreacion.com

f @CASACREACION

🐦 @CASACREACION

📷 @CASACREACION

Para vivir la Palabra